de Gruyter Lehrbuch

Mägerle · Programmieren in BASIC

Einführung in das

Programmieren in BASIC

von

Erich W. Mägerle

Walter de Gruyter · Berlin · New York 1974

Satz: Composer Walter de Gruyter & Co., Berlin. – Druck: Mercedes-Druck, Berlin

Bindearbeiten: Wübben & Co., Berlin

Library of congress catalog card number 74-76079.

ISBN 3 11 004801 9

Inhaltsverzeichnis

Einleitung

BASIC entstand Anfang der siebziger Jahre und zählt zu den jüngsten problem-orientierten Programmiersprache. Sie ist in eine Reihe etwa mit PL/1 und FORTRAN einzustufen, läßt sich jedoch bedeutend einfacher erlernen und ist außerdem wegen des geringeren Programmieraufwandes wirtschaftlicher als andere Programmiersprachen.

BASIC eignet sich besonders für die Lösung technisch-wissenschaftlicher Probleme und wird deshalb vornehmlich von Ingenieuren, Konstrukteuren, Physikern, Chemikern, Mathematikern und von Statistikern und Planern angewandt. Jedoch lassen sich auch Finanz-, Planungs- und Budgetprobleme mit dieser Sprache formulieren. Nicht zuletzt ist sie nutzbar für vielfältigste Routine-Berechnungen, die häufig einen großen Zeitaufwand erfordern.

BASIC ist eine Dialogsprache. Spezielle Befehle ermöglichen Dateneingabe über Datenstationen während der Programmdurchführung. In der Matrizenrechnung ist BASIC besonders gut ausgebaut. Mit einem *einzigen* Befehl können folgende Matrix-Operationen ausgeführt werden:

- Addition
- Subtraktion
- Multiplikation
- Skalare Multiplikation
- Transponieren
- Inversion
- Identitätsmatrix
- Einsermatrix
- Matrixeingabe über Datenstation oder als Datei
- Matrixausgabe drucken oder abspeichern

BASIC kann auf verschiedenen Betriebssystemen verwendet werden. Erwähnt seien hier CALL/360 und S/3–6 IBM. In diesem Buch wird jedoch kein bestimmtes Betriebssystem behandelt, da dieses vom jeweils verwendeten Computer abhängt.

Programmiersprachen

Grundsätzlich werden zwei Gruppen von Programmiersprachen unterschieden:

a) *Maschinenorientierte Programmiersprachen*
Hier sind die Instruktionen in Ablehnung an die technische Struktur der Maschine aufgebaut. Sie bestehen aus hexadezimalen Codes, die folgende Aussagen liefern müssen:

WAS	WIEVIEL	WOHIN	WOHER

WAS	ist zu tun (auszuführende Operation)	①
WIEVIEL	Bytes sind zu verarbeiten (Feldlänge)	②
WOHIN	kommen die Daten (Adresse von Feld 1)	③
WOHER	kommen die Daten (Adresse von Feld 2)	④

Allerdings sind solche Programme, bei denen die Rechenoperationen maschinenintern geschrieben werden, sehr aufwendig und setzen detaillierte Kenntnisse des technischen Aufbaus der Maschine voraus. Man hat deshalb Sprachen entwickelt, die sich weniger an der Maschine als vielmehr am zu lösenden Problem orientieren:

b) *Problemorientierte Programmiersprachen*

Zu diesen Sprachen gehört auch BASIC. Sie haben den großen Vorteil, daß symbolische Formulierungen verwendet werden können, die der üblichen Sprachregelung ähnlich sind. Eine Multiplikation z.B. hat die gleiche Form wie in der Mathematik, etwa: X = A * F, usw.

Dialog mit dem Computer

BASIC ermöglicht weiterhin als sog. Dialogsprache ein Frag-Antwort-Verfahren mit dem Computer. Voraussetzung dafür ist die Verwendung von Betriebssystemen, die nach dem Time Sharing-Prinzip gestaltet sind. Es sind dies Teilnehmersysteme, in denen der Computer gleichzeitig für mehrere Benutzer arbeitet. Möglich wird das durch räumliche Aufteilung der Arbeitsspeicher und Zerlegung jeder Arbeit in kleinste Abschnitte. So können die verschiedenen Arbeiten in kurzen Zeiträumen abwechselnd abgewickelt werden. Durch die hohe Arbeitsgeschwindigkeit und die langsame Datenübertragung der Telefonleitung entsteht der Eindruck der Gleichzeitigkeit, die eine gleichzeitige Benutzung des Computers über verschiedene Datenstationen (Terminal) gestattet:

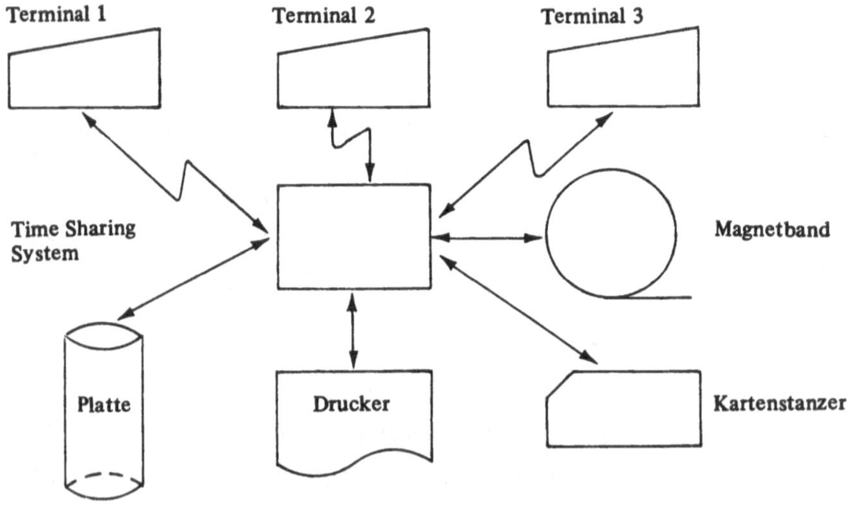

Problemstellung und Lösung

Nachstehend wird gezeigt, wie man z.B. ein mathematisches Problem anpacken muß, damit ein BASIC-Programm aufgebaut werden kann (kein allgemeingültiges „Rezept“):

1. *Problem definieren = Analyse*
   Festlegen der bekannten und unbekannten Größen. Randbedingungen formulieren.
2. *Mathematische Formulierung*
   Zusammenstellen der Berechnungsformeln. Dazu gehört auch die Formulierung von Algorithmen bzw. die entsprechenden Iterationen.
   (Beispiel: Mit Rechenanlagen läßt sich eine Integration nicht durchführen. Es muß daher ein Näherungsverfahren gesucht werden z.B. Trapezregel.)
3. *Blockdiagramm erstellen*
   Rechenanlagen können jeden *logischen* Schritt ausführen. Diese Logik muß in einem Blockdiagramm dargestellt werden. Gerade ein diesem Schritt lohnt es sich, sehr genau zu arbeiten.
4. *Programm codieren*
   Mit Hilfe des erstellten Blockdiagramms wird das Programm erstellt (vercoden). Dieses BASIC-Programm nennt man Quellen- oder Sourceprogramm.
5. *Eingabe an der Datenstation*
   Das codierte BASIC-Programm kann direkt an der Datenstation eingetippt werden. Dies ist ein weiterer Vorteil von BASIC und dem Time Sharing-Verfahren.
6. *Maschinenprogramm erstellen*
   Das erstellte Programm ist jetzt in einer persönlichen Bibliothek im Rechenzentrum abgespeichert und zu jedem Zeitpunkt sofort aufrufbar. Dieses Quellenprogramm muß in eine für die Rechenanlage gerechte Form umgewandelt werden mit Hilfe des Compilers. Es entsteht damit das Maschinenprogramm, auch Objectprogramm genannt. Sind im BASIC-Programm formale Fehler (Syntax) vorhanden, so werden diese auf der Datenstation gedruckt. Die Erklärung dazu ermöglicht die Korrektur der Fehler. Dieser Schritt muß wiederholt werden, bis keine Fehlermeldungen mehr entstehen.
7. *Testen auf logische Fehler*
   Ein formal fehlerfreies Programm gibt uns noch keine Gewißheit, daß e auch in der Logik „stubenrein“ ist. Man gibt dem Programm nun Eingabedaten, damit eine Berechnung durchgeführt werden kann. Das gleiche Beispiel muß auch „von Hand“ berechnet werden. Stimmen die Resultate überein, so sind keine logischen Fehler vorhanden.
8. *Durchlauf aktueller Berechnungen = Produktion*
   In diesem Schritt hilft die Rechenanlage immer wiederkehrende Arbeiten sicher und genau durchzuführen. Der Zeitgewinn hier kann die vorangegangenen Arbeiten kompensieren, da ein Programm immer wieder verwendbar ist.

Verwendete Symbole

Symbole für die Darstellung von Programmablaufplänen

Verarbeitung

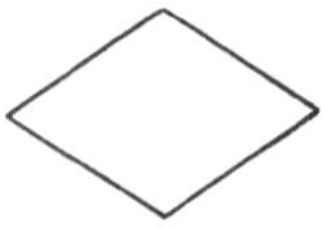
Verzweigen, Entscheid

Verwendung von Subroutinen

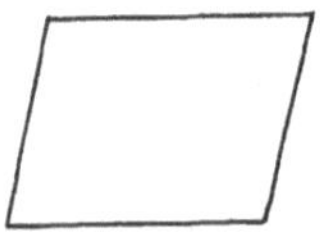
Eingabe/Ausgabe

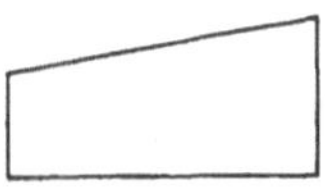
Manuelle Eingabe im Zeitpunkt der Verarbeitung

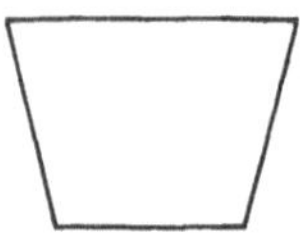
Eingreifen von Hand

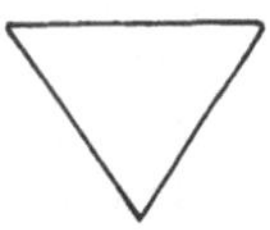
Mischen

Extrahieren, Selektieren

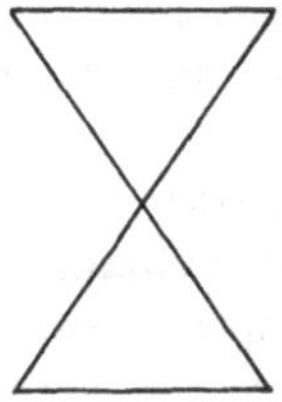
Abgleichen mehrerer Daten zu einem einzigen Teil (Collate)

Datenfernverarbeitung

Anschluß-Stelle, Verbindungspunkt

Anfang, Ende, Stop

Lochkarte

Lochstreifen

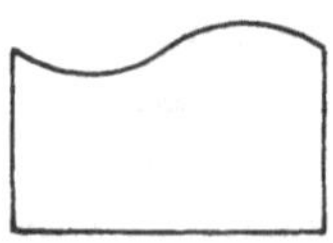
Liste

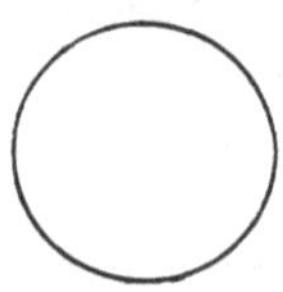
Magnetband

Magnettrommel

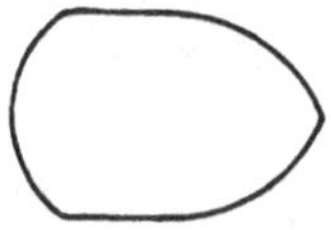
Display (Bildschirm)

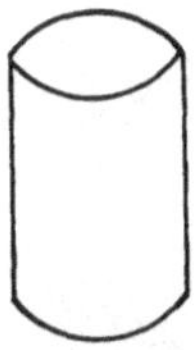
Magnetplatte

Flußlinie

Mathematischen Symbole

+	Addition, positives Vorzeichen	$<$	kleiner
–	Subraktion, negatives Vorzeichen	$\leqslant$	kleiner oder gleich
		$=$	gleich
*	Multiplikation	$\geqslant$	größer oder gleich
/	Division	$>$	größer
↑ oder **	Potenzieren	$\neq$	ungleich
Σ	Summe	$\rightarrow$	verschieben nach

1. BASIC-Ausdrücke

1.1 Konstanten

Die Konstante ist ein Ausdruck, der sich während der Ausführung eines Programmes nicht verändert. Wir unterscheiden drei Arten von Konstanten:

* arithmetische Konstanten
* Zeichenkonstanten
* Systemkonstanten

1.1.1 Arithmetische Konstanten

Eine arithmetische Konstante ist eine Folge von Ziffern, die mit einem Vorzeichen versehen werden kann. Sie hat entweder einfache oder doppelte Genauigkeit. Die einfache Genauigkeit besteht aus 1–7 Dezimalziffern, die doppelte Genauigkeit aus 1–15 Dezimalziffern. Führende Nullen werden immer ignoriert. Man kann eine beliebige Anzahl von Ziffern angeben. Es werden jedoch nur die entsprechend genauen Ziffern verwendet. Alle übrigen Ziffern gehen verloren. Das Gleiche gilt für die doppelte Genauigkeit. Arithmetische Konstanten können folgende Formate aufweisen:

* Integer-Zahlen (enthält keinen Dezimalpunkt)
* Festkomma-Zahlen (enthält einen Dezimalpunkt)
* Gleitkomma-Zahlen (Exponentform)

Weiterhin gilt aber, daß die Konstanten entsprechend ihrer Genauigkeit gedruckt werden. Die Genauigkeit wird durch einen Betriebssystembefehl angegeben. Damit ein Exponent definiert werden kann, muß der Konstante ein E folgen. Der Wert des Exponenten darf 99 nicht übersteigen.

Beispiele von arithmetischen Konstanten:

```
 580
- 79
1732.51
 - 8.47
   2.5E49
 - 6.26E-12
```

Arithmetische Konstanten müssen sich innerhalb der Grenzen

$$10^{-99} \leqslant X < 10^{99}$$

bewegen. Es darf nur mit arithmetischen Konstanten gerechnet werden.

1.1.2 Zeichenkonstanten

Die Zeichenkonstante ist eine Folge von beliebigen Zeichen (einschließlich Leerzeichen). Apostrophs in Zeichenkonstanten müssen immer doppelt aufgeführt werden.

Beispiele von Zeichenkonstanten:

'DAS ERGEBNIS BETRAEGT'
'JOHN BROWN''S'

Zeichenkonstanten können beliebig lang sein. Das System verwendet immer nur die ersten 18 Stellen. Alle Zeichen, die diese Zahl übersteigen, werden ignoriert.

1.1.3 Systemkonstanten

Vielverwendete Konstanten sind im System abgespeichert. Es handelt sich um folgende Konstanten:

$e \quad \pi \quad \sqrt{2}$

Man hat dafür Spezialnamen festgelegt:

&PI = 3.141593
&E = 2.718282
&SQR2 = 1.414214

Systemkonstanten können überall anstatt arithmetischer Konstanten verwendet werden.

1.2 Variablen

Eine Variable wird entsprechend ihrer Art auf Null oder Blank gesetzt. Der Wert einer Variable kann während der Programmausführung verändert werden. Wir unterscheiden vier Variablenarten in BASIC:

* arithmetische Variable
* arithmetische Bereichsvariable
* Zeichenvariable
* Zeichenbereichsvariable

1.2.1 Arithmetische Variable

Der arithmetische Variablenname besteht aus einem alphabetischen Zeichen.

A-Z, @, #, $

Diesem Namen kann noch eine Zahl folgen, die zwischen 0 und 9 liegen darf.

Beispiele für arithmetische Variablennamen:

F X1 $7 Y0 Z3

1.2.2 Zeichenvariablen

Die Zeichenvariable besteht aus einem alphabetischen Zeichen, das von einem $-Zeichen gefolgt sein muß.

Beispiele von Zeichenvariablen:

A$ #$ @$ H$

Es können nur Zeichendaten dargestellt werden. Wir dürfen also mit Zeichenvariablen nicht rechnen.

1.2.3 Arithmetische Bereichsvariablen

Arithmetische Bereiche können zweidimensional dargestellt werden. Die arithmetischen Bereichsnamen bestehen aus einem einzigen Zeichen:

A-Z, @, #, $

Der Bereich kann nur arithmetische Daten enthalten. Auf das entsprechende Element des Bereichs bezieht man sich durch ein oder zwei Indizes, die in Klammern stehen müssen.

Beispiele von arithmetischen Bereichsvariablen:

K(16)
Q(7, 3)

Die Indizes dürfen ganze Zahlen, arithmetische Variablen oder Formeln sein.

Beispiel für den Zugriff auf eine zweidimensionale Tabelle:

X(8, 4)
8. Zeile, 4. Spalte von Bereich X
Y(K, F+1) K = 3
F = 7
3. Zeile, 8. Spalte von Bereich Y
Z(H) H = 5
5. Element von Bereich Z

1.2.4 Zeichenbereichsvariablen

Der Zeichenbereich kann nur eindimensional dargestellt werden. Der Name einer Zeichenbereichsvariablen besteht immer aus einem alphabetischen Zeichen:

A-Z, @, #, $

Diesem Buchstaben muß ein $-Zeichen folgen. Mit der Zeichenbereichsvariablen darf nie gerechnet werden. Der Zeichenbereich kann nur Zeichen enthalten. Der Bereich kann maximal 100 Elemente enthalten. Es gelten sonst die gleichen Regeln wie bei den arithmetischen Bereichsvariablen.

Beispiele, wie man sich auf Zeichenbereiche bezieht:

```
K$(6)
A$(H)
I$(B+7)
#$(80)
@$(A+B)
```

1.3 Arithmetische Formeln

Eine arithmetische Formel ist eine Reihe arithmetischer Operationen, die in einer Druckzeile enthalten sein müssen. Das Ergebnis arithmetischer Operationen wird entsprechend der Genauigkeit gerundet. Die Genauigkeit wird durch einen Betriebssystembefehl erreicht.

Beispiele arithmetischer Formeln:

D↑2*&PI/4	$\frac{d^2 \cdot \pi}{4}$
K*(SIN(B)-COS(F))	K(SIN(B)-COS(F))
X+Z*(G+H)+K/3	$X+Z(G+H)+\frac{K}{3}$

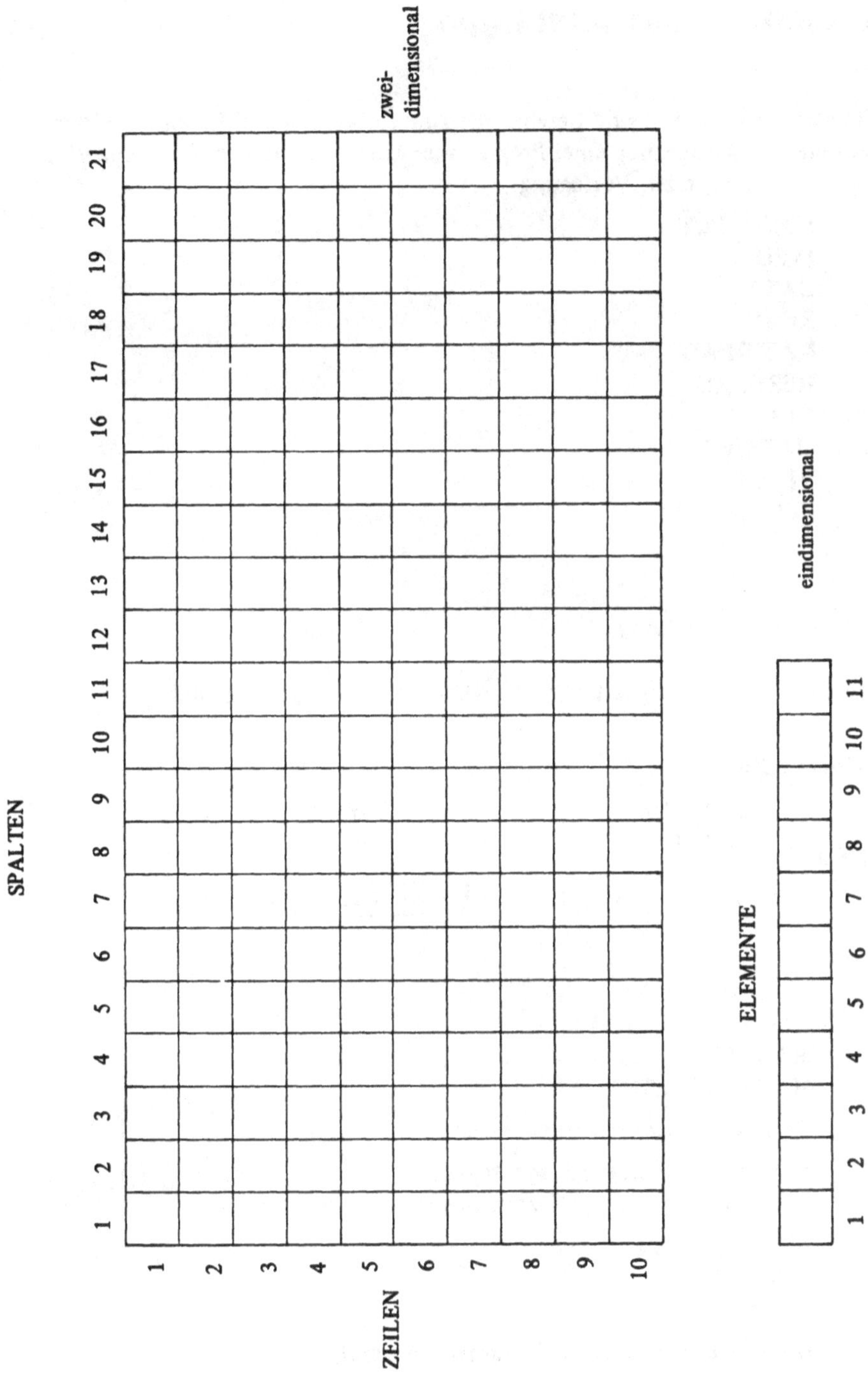
zwei-
dimensional
SPALTEN
1 2 3 4 5 6 7 8 9 10 11 12 13 14 15 16 17 18 19 20 21
ZEILEN
1 2 3 4 5 6 7 8 9 10
eindimensional
ELEMENTE
1 2 3 4 5 6 7 8 9 10 11

2. Eingabe-Anweisungen

Eingabe-Anweisungen sind Befehle, die zum Definieren und Lesen von Daten während der Ausführung eines Programmes gebraucht werden. Es stehen 10 Eingabe-Anweisungen zur Verfügung:

MAT INPUT
INPUT
DATA
READ
MAT READ
RESTORE
GET
MAT GET
RESET
CLOSE

2.1. INPUT-Anweisung

Die INPUT-Anweisung erlaubt uns, während der Programmausführung Daten einzulesen.

Schreibweise:

```
        ⎧ arith. Var.      ⎫     ⎡⎧ arith. Var.      ⎫⎤
INPUT   ⎨ arith. Ber. Var. ⎬  ,  ⎢⎨ arith. Ber. Var. ⎬⎥   . . .
        ⎪ Zeich. Var.      ⎪     ⎢⎪ Zeich. Var.      ⎪⎥
        ⎩ Zeich. Ber. Var. ⎭     ⎣⎩ Zeich. Ber. Var. ⎭⎦
```

Beispiele:

100 INPUT A,B,C
200 INPUT X,L$(8),K
300 INPUT Z,Y,M(2,5)
400 INPUT N,T(N)

Die INPUT-Anweisung bewirkt folgendes:

1. System druckt ein Fragezeichen
2. Systempause, damit Daten eingegeben werden können.

100 INPUT A,B,C bewirkt
System: ?
Benutzer: 7,12,23

Die Werte werden durch Kommata getrennt

Die eingegebenen Konstanten müssen vom gleichen Typ sein. Die Anzahl dieser Konstanten muß gleich der Zahl der Variablen in der INPUT-Anweisung sein.

Zusammenhängendes **Beispiel:**

```
0100 INPUT A
0110 X=X+1
0120 PRINT A
0130 PUT 'LIN',A
0140 IF X=4 THEN 0150
0150 GO TO 0100
0160 CLOSE 'LIN'
0170 STOP
0180 END

READY
ALLOCATE EINGABE(LIN),NEW

READY
RUN

?
4
 4

?
7
 7

?
1
 1

?
8
 8
```

Die Variablen in der INPUT-Anweisung können auch indexiert erscheinen.

Beispiel:

100 INPUT Z,X(Z+4)

System: ?
Benutzer: 6,38.76

Dem 10. Element der Tabelle X wird 38.76 zugeordnet.

2.2 MAT INPUT-Anweisung

Die MAT INPUT-Anweisung bewirkt dasselbe wie die INPUT-Anweisung. Hier wird eine Matrix mit Daten gefüllt.

Allgemeine Schreibweise:

MAT INPUT Matrix-Name [(arith. Ausdr. [, arith. Ausdr.])
[, Matrix-Name [(arith. Ausdr. [, arith. Ausdr.])]] . . .

Eine Matrix muß am Programmanfang stets definiert sein. In der MAT INPUT-Anweisung kann die Matrix redefiniert werden. Die neue Matrixdimension ist dann verbindlich.

Beispiel:

```
100 DIM F(4,6),G(3,7)
200 MAT INPUT F(2,6),G(J,K)
```

Erkennt das System während der Programmausführung eine MAT INPUT-Anweisung, druckt es ein Fragezeichen und stoppt, damit die Matrix mit Daten gefüllt werden kann. Die Werte müssen durch ein Komma getrennt sein. Durch Drücken der RETURN-Taste wird das Ende einer Zeile gekennzeichnet. Werden noch weitere Daten benötigt, zeigt das System dieses durch ein gedrucktes Fragezeichen.

Beispiel:

```
080 INPUT I,J
100 DIM A(3,3),B(3),C(3,3)
120 PRINT, 'INPUT MATRIX A'
140 MAT INPUT A(I,J)
```

Ablauf im System

```
?
2,2             Redefinition des Matrixindex
??
780,1493        Matrix A (2,2) füllen 1. Zeile
??
1234,52                               2. Zeile
```

Ist das Ende einer Druckzeile erreicht, bevor alle Daten eingegeben sind, muß am Zeilenende ein Komma stehen. Nach dem Bedienen der RETURN-Taste kann in der folgenden Zeile fortgefahren werden. Fehlerhafte, zuwenig oder zuviel eingegebene Daten zeigt das System durch eine Fehlermeldung an.

Vollständiges **Beispiel:**

```
100 DIM F(2,2),G(10,5)
110 MAT INPUT F,G(2,3)
120 MAT PRINT F,G
130 END
RUN
?
136,17
??
24,98
??
```

2360,7965,15
??
43,8570,113

Die Matrix G wurde ursprünglich mit der Dimension 10,5 definiert. In der MAT INPUT-Anweisung wird G immer redimensioniert. Die neue Dimension der Matrix G lautet jetzt 2,3. Der Austausch der Daten zwischen Benutzer und System wird so lange fortgesetzt, bis sämtliche Matrizen gefüllt sind. Ist das letzte Element der Matrix gefüllt, setzt das System die Programmausführung fort.

2.3 DATA-Anweisung

Mit dieser Anweisung bekommen die Variablen einen bestimmten Wert. Da diese Daten direkt im Programm enthalten sind, werden die Werte direkt den Variablen zugeordnet. Dabei kommt das System auf keinen Stop.

Diese Anweisung kann überall in einem Programm stehen.

Schreibweise:

$$\text{DATA} \quad \begin{Bmatrix}\text{arith. Konst.}\\ \text{Zeich. Konst.}\end{Bmatrix} \left[, \quad \begin{Bmatrix}\text{arith. Konst.}\\ \text{Zeich. Konst.}\end{Bmatrix}\right] \ldots$$

Die Zeichenkonstante muß in Apostroph eingeschlossen sein.

Beispiele von DATA-Anweisungen:

```
10 DATA 40,75,3,7,1783
20 DATA 'JAN','FEB','MAERZ','APRIL'
30 DATA 30,'KOSTEN',2380,'SALDO'
40 DATA 'DIFF','SUM',5739,3450
50 DATA '1960','JAHR','23.9',29
```

Die Werte einer DATA-Anweisung können mit READ oder MAT READ gelesen werden. Zu Beginn der Programmausführung wird ein Datenhinweiszeiger auf das erste Datenelement gesetzt.

30	KOSTEN	2380	SALDO

(Datenhinweiszeiger)

2.4 READ-Anweisung

Die READ-Anweisung wird verwendet, um die Daten aus der DATA-Anweisung zu lesen.

Schreibweise:

$$\text{READ} \quad \left\{\begin{array}{l}\text{arith. Var.}\\ \text{arith. Ber. Var.}\\ \text{Zeich. Var.}\\ \text{Zeich. Ber. Var.}\end{array}\right\} \quad \left[\;,\; \left\{\begin{array}{l}\text{arith. Var.}\\ \text{arith. Ber. Var.}\\ \text{Zeich. Var.}\\ \text{Zeich. Ber. Var.}\end{array}\right\}\right] \;\ldots$$

Die READ-Anweisung kann mehrere Variablen enthalten.

Beispiele:

```
100 READ A,B,C,D
200 READ A9,F$,H
300 READ X
400 READ Z$,K,L,M8,N2
500 READ Q$,#$,@
```

Der ersten Variablen wird das erste Datenelement zugeordnet. Das wird in der gleichen Sequenz fortgeführt, d. h. die zweite Variable erhält das zweite Datenelement usw. Variable und Datenelement müssen vom gleichen Typ sein. Genau formuliert heißt das: Einer arithmetischen Variablen kann nur eine arithmetische Konstante zugeordnet sein und nicht etwa eine Zeichenkonstante, denn diese gehört nur zu einer Zeichenvariablen. Sind mehr Variablen vorhanden als Konstanten, wird eine Fehlermeldung gedruckt. Die Programmausführung wird dadurch gestoppt.

Beispiel:

```
READY
LIST
0100 REM RUNGE - KUTTA - VERFAHREN
0110 DATA 0,-0.5,0.05,4
0120 READ X,Y,H,M
0130 PRINT 'X','Y'
0140 PRINT
0150 PRINT X,Y
0160 LET A=H*(X-Y↑2)
0170 LET X=X+H/2
0180 LET Z1=Y
0190 LET Y=Y+A/2
0200 LET B=H*(X-Y↑2)
0210 LET Y=Z1
0220 REM
0230 LET Y=Y+B/2
0240 LET C=H*(X-Y↑2)
0250 LET X=X+H/2
0260 LET Y=Z1
0270 LET Y=Y+C/2
0280 LET D=H*(X-Y↑2)
0290 LET E=(A+2*B+2*C+D)/6
0300 LET Y=Z1
0310 LET Y=Y+E
0320 PRINT X,Y
0330 IF X=M THEN 0350
0340 GO TO 0160
0350 STOP
0360 END
```

Selbstverständlich ist es gestattet, eine vorher mit READ eingelesene Konstante nachher in einer Bereichsvariablen als Index zu verwenden.

Beispiel:

```
100 DATA 10,3450
110 READ K,S(K,K+3)
120 PRINT K,S(K,K+3)
130 STOP
140 END
```

System druckt:

```
10      3450
```

Die READ-Anweisung ist ungültig, wenn keine DATA-Anweisung vorhanden ist.

2.5 MAT READ-Anweisung

Die Anweisung ist ähnlich der READ-Anweisung im vergangenen Abschnitt. Auch hier werden die Daten in einer DATA-Anweisung definiert. Die MAT READ-Anweisung setzt die Daten in eine vorher dimensionierte Matrix (dadurch ist Kernspeicherplatz reserviert).

Schreibweise:

MAT READ Matrix Name [(arith. Ausdr. [, arith. Ausdr.])]
[, Matrix Name [(arith. Ausdr. [, arith. Ausdr.])]] . . .

Hier müssen arithmetische Konstanten bzw. Variablen verwendet werden. Die Matrixnamen müssen aus einem einzelnen alphabetischen Zeichen bestehen,

A–Z, #, $, @

dem ein Index folgen kann.

Beispiel:

```
100 MAT READ F
200 MAT READ L(3,4),K
300 MAT READ X,Y,Z
```

Wie die Beispiele zeigen, ist auch mit der MAT READ-Anweisung eine Redefinition möglich. Die Daten werden reihenweise eingelesen. Auch die Reihenfolge der Matrizen wird eingehalten.

Beispiel:

```
100 DIM X(2,2),N(10,10)
110 DATA 8,17,25,33,41,49,78,69,14,18,35,57,60,63
```

8	17	25	33	41	49	78	69	14	18	35	57	60	63

120 MAT READ X,N(2,5)

```
100 DIM X(2,2),N(10,10)
110 DATA 8,17,25,33,41,49,78,69,14,18,35,57,60,63
120 MAT READ X,N(2,5)
130 MAT PRINT S,N
140 END
```

System:

```
 8   17
25   33
41   49   78   69   14
18   35   57   60   63
```

Die Matrix N, die in der DIMENSION-Anweisung auf 10,10 definiert wird, ist in der MAT READ-Anweisung auf 2,5 redefiniert.

Ist die Anzahl der Konstanten in der DATA-Anweisung kleiner als die zulässige Größe der Matrix, so wird eine Fehlermeldung geschrieben. Die MAT READ-Anweisung ist ungültig, wenn keine DATA-Anweisung vorhanden ist.

Beispiel:

```
100 DIM X(3,7),Y(4,5)
110 MAT READ X,Y
```

Zwischen DIM- und MAT READ-Anweisung fehlt DATA-Anweisung.

2.6 RESTORE-Anweisung

Durch die READ-Anweisung wird jeder Variablen ein Wert aus der DATA-Anweisung zugeordnet. Ein Datenhinweiszeiger wird von einem Element zum anderen gesetzt. Die RESTORE-Anweisung bewirkt, daß der Datenhinweiszeiger auf das erste Element der DATA-Anweisung zurückversetzt wird. Wir haben somit die Möglichkeit, im gleichen Programmdurchlauf mehrmals die Werte aus der DATA-Anweisung zu verwenden.

Schreibweise:

RESTORE [Kommentar]

Beispiel:

```
100 DATA 70,80,90,100
110 READ R,S,T,U
```

Stellung des Datenhinweiszeiger nach erstmaligem Lesen:

70	80	90	100

(Datenhinweiszeiger)

Durch die RESTORE-Anweisung setzt sich der Datenhinweiszeiger wieder auf das erste Element.

70	80	90	100

(Datenhinweiszeiger)

Die zweite READ-Anweisung liest uns die gleichen Daten.

Zusammenhängendes **Beispiel**:

```
100 DATA 100,200,300
110 READ X,Y,Z
120 A=X/Y+Z
130 RESTORE
140 READ U,V,W
150 B=U+V+W
160 PRINT A,B
170 END
```

System:

```
300.5        600
```

Die erste READ-Anweisung im obigen Beispiel liest die Daten 100,200,300 und fügt sie der entsprechenden Variablen X,Y und Z zu. Es wird ein Wert A berechnet. Die RESTORE-Anweisung setzt den Datenhinweiszeiger wieder auf das erste Element. Die zweite READ-Anweisung liest die Werte der DATA-Anweisung von neuem und setzt sie den Variablen U,V und W gleich. Der jetzt errechnete Wert B sowie die berechnete Variable A werden schlußendlich gedruckt.

2.7 GET-Anweisung

Die GET-Anweisung wird benutzt, um Daten aus einer vorher definierten Datei einzulesen. Die Datei wird mit einem ALLOCATE-Systembefehl bestimmt.

Schreibweise:

$$\text{GET 'Dateiname',} \left\{\begin{array}{l}\text{arith. Var.}\\ \text{arith. Ber. Var.}\\ \text{Zeich. Var.}\\ \text{Zeich. Ber. Var.}\end{array}\right\} \left[, \left\{\begin{array}{l}\text{arith. Var.}\\ \text{arith. Ber. Var.}\\ \text{Zeich. Var.}\\ \text{Zeich. Ber. Var.}\end{array}\right\}\right] \ldots$$

Der Dateiname kann auch durch eine Zeichenvariable ersetzt werden (ohne Apostroph). Dieser Zeichenvariablen muß dann vor der GET-Ausführung eine Konstante zugewiesen werden.

Der Dateiname ist normalerweise eine beliebige Zeichenkonstante.

Beispiel:

```
100 GET 'DIFF', Z3,C,F$,G1
          oder
100 GET Y$,A,B,C
    wobei gilt
 90 Y$='SUM'
    man könnte auch schreiben:
100 GET 'SUM', A,B,C
```

Sind mehr Variablen in der GET-Anweisung als Datenelemente in der Datei, so wird eine Fehlermeldung geschrieben. Die Variablen müssen auch hier vom gleichen Typ sein wie die Werte in der Datei. Ist dies nicht der Fall, so wird das System eine Fehlermeldung geben. Die Zuordnung der Daten aus der Datei erfolgt in gleicher Sequenz wie die Variablen der GET-Anweisung. Erscheint eine Variable als Index in einer nachfolgenden Bereichsvariablen, wird dieser neue Wert verwendet.

Beispiel:

```
100 GET 'SALDO', L,F(L+4)
110 L=L+4
120 Z=F(L)**3
130 PRINT F(L),Z
```

Auch hier wird der Datenhinweiszeiger auf jedes zu lesende Element gesetzt. Die Daten aus definierter Datei können auch von anderen Programmen verwendet werden. Die gespeicherten Daten können von einfacher oder doppelter Genauigkeit sein. Allein das verwendete Programm bestimmt, in welcher Genauigkeit die Daten benutzt werden. Sind die Daten in doppelter Genauigkeit gespeichert, aber im Programm wird nur einfache Genauigkeit verlangt, so werden die Werte für das laufende Programm verändert. Wichtig ist aber, daß die Daten in der Datei ihre Genauigkeit beibehalten.

Wenn die Daten der Datei doppelte Genauigkeit besitzen, so verwendet ein in einfacher Genauigkeit definiertes Programm nur die ersten sieben Stellen. In diesem Fall werden alle überzähligen Stellen ignoriert.

2.8 MAT GET-Anweisung

Diese Anweisung hat die gleiche Wirkung wie die GET-Anweisung. Es können nur arithmetische Daten eingelesen werden. Damit kann eine Matrix gefüllt werden.

Schreibweise:

MAT GET {'Dateiname' / Zeich. Var.} , Matrix Name [(arith. Ausdr. [, arith. Ausdr.])]
[Matrix Name [(arith. Ausdr. [, arith. Ausdr.])]] . . .

Der Dateiname wird wiederum durch einen Betriebssystembefehl definiert. Die Regeln der Matrixvariablen gelten auch hier.

Beispiel:

Definierung der Plattendatei

```
ALLOCATE DATEI (DIFF)
```

Programm

```
100 DIM U(5,5),V(10,10)
110 MAT GET 'DIFF', U(2,2),V(2,3)
120 MAT PRINT U,V
130 END
```

Das System druckt die Werte entsprechend der redefinierten Matrix.

```
 17   256
319   570

  9    68    97
 28   712   324
```

Auch in der MAT GET-Anweisung ist eine Redefinition möglich. Die Dimension der Matrix kann eine Konstante oder eine Variable sein.

Beispiel:

```
100 MAT GET 'KOSTEN', U(F,L)
200 MAT GET 'SALDO', X(3,4),Y(K,N+3)
300 MAT GET 'SUM', P,Q,R
```

Der Datenhinweiszeiger hat auch hier seine Gültigkeit. Die Genauigkeit der Daten in der Datei hat keinen Einfluß auf das verwendete Programm, denn allein das Programm befiehlt die Genauigkeit. Entsprechen sich Genauigkeit von Daten und Programm nicht, so werden die Daten für einen Programmdurchlauf geändert.

2.9 RESET-Anweisung

Diese Anweisung setzt den Datenhinweiszeiger wieder auf das erste Element bei einer mit GET gelesenen Datei.

Schreibweise:

RESET 'Dateiname '[, 'Dateiname'] . . .

Dadurch können wir also auch wieder in einen einzigen Programmdurchlauf mehrmals auf die gleichen Daten zugreifen.

Beispiel:

Definierung der Plattendatei

```
ALLOCATE DATEI (DIFF)
```

Programm

```
100 GET 'DIFF', A,B,C$
110 RESET 'DIFF'
120 GET 'DIFF', U,V,W$
130 PRINT A,B,C$,U,V,W$
140 END
```

System

```
160   70   DIFFERENZ      160   70   DIFFERENZ
```

2.10 CLOSE-Anweisung

Jede Datei, die mit GET, MAT GET, PUT oder MAT PUT in Bezug genommen wird, gilt als eröffnete Datendatei. Alle Dateien müssen noch vor Programmende geschlossen werden. Dies wird mit der CLOSE-Anweisung ausgeführt.

Schreibweise:

CLOSE 'Dateiname' [, 'Dateiname'] . . .

Durch die CLOSE-Anweisung wird automatisch der Datenhinweiszeiger wieder auf das erste Element gesetzt.

Beispiel:

Definierung der Plattendatei

```
ALLOCATE DATEI (VOLT)
```

Programm

```
100 GET 'VOLT', R,I
110 PRINT 'R','I','U'
120 U=R*I
```

```
130 PRINT R,I,U
140 CLOSE 'VOLT'
150 END
```

Die GET-Anweisung eröffnet die Plattendatei. Die Daten werden den entsprechenden Variablen zugeordnet. Zu vier Recheninstruktionen werden Berechnungen ausgeführt. Nachdem die Resultate gedruckt sind, folgt die CLOSE-Anweisung, die den Datenhinweiszeiger wieder auf das erste Element setzt und schlußendlich die Datei abschließt. Die Erklärung der PRINT-Anweisung folgt in einem späteren Kapitel.

3. Ausgabe-Anweisungen

Die Ausgabe-Anweisungen werden verwendet zum

* Drucken der Ergebnisse
* Einsetzen der Programmergebnisse in Datendateien

3.1 PRINT-Anweisung

Die PRINT-Anweisung wird zum Drucken der Ergebnisse verwendet.

Schreibweise:

$$\text{PRINT}\quad \left[\left[\begin{Bmatrix}\text{arith. Var.}\\ \text{Zeichen Var.}\end{Bmatrix}\right]\ \left[\begin{Bmatrix},\\ ;\end{Bmatrix}\ \begin{Bmatrix}\text{arith. Var.}\\ \text{Zeichen Var.}\end{Bmatrix}\right]\ldots\left[\begin{Bmatrix},\\ ;\end{Bmatrix}\right]\right]$$

An Stelle des Kommas bzw. Semikolons darf auch eine Zeichenkonstante als Trennung verwendet werden. Für die arithmetische Variable ist auch eine arithmetische Formel gestattet.

```
100 PRINT A**3
```

Kommata, Semikolon oder Zeichenkonstanten verweisen auf Trennungen und werden zur Aufteilung der Druckzeile in Printzonen verwendet. Das alleinige Schlüsselwort PRINT bewirkt, daß die Seite um eine Zeile vorgeschoben wird. Die PRINT-Anweisungen bewirken im folgenden Programm: Drucken des Wertes X, Vorschub um eine Zeile und Drucken des Wertes Y.

Programmbeispiel:

```
100 INPUT X,Y
110 PRINT 'X=',X
120 PRINT
130 PRINT 'Y=',Y
140 STOP
150 END
```

System:

```
?
  170,   38
  X=   170
  Y=    38
```

Die Genauigkeit der Daten wird in der Form ausgedruckt wie sie im Programm verlangt werden.

* Bei einfacher Genauigkeit werden sechs Dezimalziffern und ev. Vorzeichen gedruckt.

Beispiele:

6730
-760123
158.45
7.35872

Die Systemkonstanten in erweiterter Genauigkeit.

&PI = 3.14159265358979
&E = 2.71828182845905
&SQR2 = 1.41421346237310

Bei der erweiterten Genauigkeit werden elf Dezimalziffern und ev. Vorzeichen gedruckt.

Beispiele:

187530
-25612343052
6.37219
4786.17153
-7886.2791823

* Ist die arithmetische Konstante in einer der vorangegangenen Formen zu groß, wird sie in Exponentialform geschrieben. Minuszeichen und Dezimalpunkt entsprechen den früheren Ausführungen. Zusätzlich kommen nun eine Kennzeichnung E und der mit Vorzeichen versehene Exponent hinzu. Werden Resultate in Exponentialform gedruckt, findet vorher eine Rundung statt.

Beispiel:

einfache (6 Ziffern)	Genauigkeit	erweiterte (11 Ziffern)
3.45E-9		1.37815774235E+28
-4.19876E2		2.78495336875E-3
7.43E-21		9.62648462615E7
2.537E-04		

Die PRINT-Anweisung kann auch zum Drucken von Überschriften verwendet werden.

Beispiel:

```
100 PRINT 'KOSTENRECHNUNG'
200 PRINT 'SALDO BETRAEGT:'
300 PRINT 'R E C H N U N G'
400 PRINT 'TOTAL DER X',X
500 PRINT 'DIFFERENZ VOM "12.3.72" '
```

Die Hochkommata in der PRINT-Anweisung werden nicht gedruckt, da sie nur die Zeichenkonstante darstellen. Muß mehr als eine Variable oder Konstante bzw. beides gedruckt werden, so ist die Druckseite in Druckzonen eingeteilt. Sie sind der Tabulatoreneinrichtung bei der Schreibmaschine ähnlich. Die Seite kann in lange oder kurze Druckzonen aufgeteilt sein. Durch die Kommata in der PRINT-Anweisung wird der Schreibkopf auf die nächste lange Druckzone gesetzt. Ist die Anzahl der zu druckenden Elemente größer als die verfügbaren Druckzonen, so wird in der nächsten Zeile fortgesetzt.

Beispiel:

```
100 DATA 6380,7,40,80.34,124.9,7863.17,280
110 READ A,B,C,D,E,F,G
120 PRINT A,B,C,D,E,F,G
130 END
```

System:

```
6380      7       40
80.34   124.9    7863.17
280
```

Bemerkung: Um das Beispiel deutlich zu zeigen, wird die Zeilenbreite 60 Zeichen definiert. Normalerweise beträgt diese 132 Zeichen.

Tabelle der Papieraufteilung:

Charakteristika der Druck-Zone

Größe der kurzen Zone	Anzahl der Zeichen pro Druckzone (Einschließlich Vorzeichen, Wert, Dezimalpunkt und Exponent)	Maximale Anzahl der Druckzonen pro Zeile mit 132 Zeichen	Zeile mit 220 Zeichen
6 Leerstellen	2, 3 oder 4 Zeichen	22	36
9 Leerstellen	5, 6 oder 7 Zeichen	14	24
12 Leerstellen	8, 9 oder 10 Zeichen	11	20
15 Leerstellen	11, 12 oder 13 Zeichen	8	14
18 Leerstellen	14, 15, 16 oder 17 Zeichen	7	12

Kurze Druckzonen für Zeichendaten sind genauso lang wie die Anzahl der Zeichen in einem Posten von Zeichendaten.

Ist das Trennungszeichen zwischen den Variablen bzw. Konstanten in der PRINT-Anweisung ein Komma, wird der Druckkopf auf die nächste lange Druckzone gesetzt. Zwei oder mehr Kommata hintereinander, z. B.

```
100 PRINT 'X=',X,,'Y=',Y
110 PRINT ,,,'RECHNUNG'
```

veranlassen ein Übergehen der langen Druckzonen, die der Anzahl Kommata entsprechen.

Wird als Trennungszeichen zwischen den Variablen ein Semikolon benützt, verschiebt sich der Druckkopf immer auf die nächste kurze Druckzone. Ist die Anzahl der Druckzonen kleiner als die zu druckenden Variablen, wird in der nächsten Zeile fortgesetzt. Kurze und lange Druckzonen können in einer PRINT-Anweisung kombiniert werden.

Beispiel:

```
100 INPUT X,Y,Z
110 A=X*Y*Z
120 B=X+Y+Z
130 C=X/Y+Z
140 D=(X+Y)*Z
150 E=X*(Y+Z)
160 PRINT A;B,C;D,E,,'RESULTATE'
170 END
```

Wird am Ende einer PRINT-Anweisung ein Komma oder Semikolon gesetzt, erreicht man ein Vorschieben auf den Anfangspunkt einer neuen Druckzone, also keinen Vorschub auf eine neue Zeile.

Beispiel:

```
300 PRINT ,,'A=',A;
400 PRINT ;'B='B,
```

Programmbeispiel:

	Druckbild:
490 INPUT A,B,C	
500 PRINT	1. Zeile: leer
510 PRINT	2. Zeile: leer
*520 PRINT A,	3. Zeile: Wert A
530 PRINT	4. Zeile: leer
540 PRINT B,C	5. Zeile: Wert B+C
550 END	

* Printkopf verschiebt sich nicht auf eine neue Zeile, sondern bleibt auf der gedruckten Zeile stehen.

Im folgenden Programm wird der berechnete Wert und ein dazugehörender Kommentar gedruckt.

```
0100 DIM Y(99)
0110 INPUT A,B,X1,X2
0120 F1 =ABS(X1)
0130 F2 =ABS(X2)
0140 F=F1+F2
0150 H=F/98
0160 N=1
0170 Y(N)=(1/(A*SQR(2*&PI)))*EXP((X1-B)↑2/(-2*A↑2))
0180 N=N+1
0190 X1=X1+H
```

```
0200 IF X1<X2 THEN 0170
0210 N=1
0220 G=G+Y(N)
0230 N=N+1
0240 G=G+4*Y(N)
0245 IF N>=98 THEN 0280
0250 N=N+1
0260 G=G+2*Y(N)
0270 GO TO 0230
0280 N=N+1
0290 G=G+Y(N)
0300 PRINT '      DIE INTEGRATION ERGIEBT :'
0310 PRINT ,,'G =',G
0320 STOP
0330 END
```

Ist in einer zu druckenden Zeichenkonstante schon ein Hochkomma vorhanden, muß dieses in der PRINT-Anweisung verdoppelt werden. Die Leerzeichenkonstante " wird in der PRINT-Anweisung als 18 Leerzeichen interpretiert.

```
100 INPUT U,V,W,X,Y,Z
110 A=U+V+W+X+Y+Z
120 B=(U+V)**W+(X+Y)**Z
130 C=U/V*W+X/Y*Z
140 PRINT A,",B,"C
150 END
```

3.2 PRINT USING-Anweisung

Diese Anweisung wird im Zusammenhang mit einer FORMAT-Anweisung verwendet. Die Druckzeilen können damit formal beschrieben werden. Diese FORMAT-Anweisung wird durch einen Doppelpunkt gekennzeichnet, der nach der Anweisungszeilennummer kommt. Schreibweise der PRINT USING-FORMAT-Anweisung:

PRINT USING Zeilenr. $\left[, \begin{Bmatrix} \text{arith. Ausdr.} \\ \text{Zeich. Ausdr.} \end{Bmatrix}\right] \ldots$

: $\left[\begin{Bmatrix} \text{Zeichenkette} \\ \text{Druckformat} \end{Bmatrix}\right] \ldots$

Jede Ziffer der auszudruckenden Variable muß ein sogenanntes Ersatzzeichen verwenden: # Nummernzeichen

```
100: A=-##.### SUMME
```

Dieses Ersatzzeichen wird immer als Komponente des zu ersetzenden Zeichens interpretiert. Zusätzlich können die Formate noch Vorzeichen und Dezimalpunkt enthalten. Die Zeilennummer, die dem Schlüsselwort PRINT USING folgt, ist dieselbe wie bei der FORMAT-Anweisung.

Beispiel:

```
100 INPUT A,B,C
110 X=A+B+C
120 Y=(A+B)*C
130 PRINT USING 140,X,Y
140: X=-#.###    Y=-###.#
150 END
```

Enthält die FORMAT-Anweisung keine Elemente, wird nur um eine Leerzeile vorgeschoben.

Beispiel:

```
200 PRINT USING 210  }
210:                 }
220 PRINT USING 230  }  Vorschub um zwei Leerzeilen
230:                 }
```

Jede Variable in der PRINT USING-Anweisung muß ein entsprechendes Formatelement vorweisen. Wenn die Anzahl Konstanten, Variablen oder Formeln der PRINT USING-Anweisung die Anzahl der Druckformate der FORMAT-Anweisung übersteigt, so wird die letztere wiederholend benutzt und auf der folgenden Zeile fortgesetzt. Sobald das letzte Formatelement steht, setzt sich der Drucker auf den Anfang der nächsten Zeile.

Programmbeispiel:

```
100 DATA 17,23,14.0,26.0,58,73,4.73,1.3
110 READ A,B,C,D,E,F,G,H
120 PRINT USING 130,A,B,C,D,E,F,G,H
130:##.###        ##.###
140 END
```

System:

```
17        23
14        26
58        73
4.73      1.3
```

Eventuell ausgedrucktes negatives Vorzeichen muß als Ersatzzeichen berücksichtigt werden. Sind nicht genügend Ersatzzeichen vorgesehen worden, um den Wert einer Zahl zu drucken, findet ein Überlauf statt. An Stelle der Zahl werden Sterne zur Kennzeichnung gedruckt. Ist die Anzahl Ersatzzeichen größer als die Zahl der Ziffern, wird der Wert rechtsbündig ausgeschrieben. Nicht benötigte Ersatzzeichen werden durch Leerzeichen ersetzt.

Beispiel:

```
100 DATA -18,130,5
110 READ A,B,C
120 PRINT USING 130,A,B,C
130: ##,##,##
140 END
```

System:

```
**,**,5
```

A+B sind zu klein definiert (bei A Vorzeichen berücksichtigen).

Da für die Variable A nur zwei Ersatzzeichen definiert worden sind, aber die Zahl aus drei Zeichen besteht, findet hier ein Überlauf statt. Hier werden also die Sterne gedruckt. Man beachte auch, daß für die Variable B im Druckbild der FORMAT-Anweisung zwei Ersatzzeichen definiert worden sind. Das negative Vorzeichen sollte aber auch berücksichtigt werden. Wir müssen folgende Gegebenheiten beachten:

Plus-Vorzeichen im Druckformat ergibt beim Drucken:

* Wert positiv +
* Wert negativ -

Minus-Vorzeichen im Druckformat ergibt beim Drucken:

* Wert positiv Leerzeichen
* Wert negativ -

Der zu druckende Dezimalpunkt erscheint immer dort, wo er im Druckfeld spezifiziert worden ist.

```
0460 PRINT  B$,'NEW ECONOMIC ORDER QUANTITIES' B$,'       PAGE' P9
0470 PRINT  B$,'-----------------------------'
0480 PRINT
0490 PRINT
0500 PRINT USING 0510
0510 :PRODUCT NO   DESCRIPTION              SALES YTD    UNIT COST   OLD EOQ    NEW EOQ
0520 :##########   ###################### #########  ########.## #########  #########
0530 PRINT
0540 GET 'INPUT' , P$,N$,M$,S,Q,C
0550 U = S*4/3
0560 A = 50
0570 R = 0.1
0580 C = C/100
0590 Q1 = SQR(2*A*U / (R*C))
0600 PRINT USING 0520, P$,N$,S,C,Q,Q1
0610 L9 = L9+1
0620 K = K+1
0630 IF  K = 50  GO TO 0690
0640 IF L9 < 40  GO TO 0540
0650 FOR L = 1 TO 20
0660 PRINT
0670 NEXT L
0680 GO TO  0440
0690 END
```

Sind in einer zu druckenden Zahl nicht alle Dezimalstellen berücksichtigt worden, wird auf die letzte Stelle gerundet. Die PRINT USING-Anweisung kann auch die Exponentialform als Druckbild verwenden. Jede Zahl in Expontialdarstellung, z. B.

$$\underbrace{14.371}_{\text{Faktor}} \cdot \underbrace{10}_{\text{Basis}}^{\overset{\text{Exponent}}{-2}}$$

kann auch in BASIC geschrieben werden. Die Basis 10 muß durch den Buchstaben E ersetzt sein, gefolgt vom Exponenten mit seinem Vorzeichen. Obige Zahl würde auf der Ausgabeliste so aussehen:

14.371E-02

Damit diese Darstellung erreicht wird, muß in der PRINT USING-Anweisung das E, Vorzeichen vom Exponent und Exponent selbst durch einen / (= Schrägstrich) gekennzeichnet werden. Für den Faktor vor dem E bleiben die bisherigen Regeln erhalten.

Beispiel:

```
100 DATA 156137
110 READ A
120 PRINT USING 130,A
130: A=-###.###////
140 END
```

System:

```
A=156.137E03
```

Übersteigt der Exponent 99, wird das ganze Druckbild der Variablen durch Sterne gekennzeichnet; der Wert hat also einen Überlauf.

Beispiel:

```
100 X=157E98
110 PRINT USING 120,X
120: X=##.#////
130 END
```

System:

```
********
```

Bemerkung: Exponent größer als 99.

Mit der PRINT-Anweisung können auch Zeichenvariablen gedruckt werden. Sind hier weniger Ersatzzeichen definiert als es die Variable verlangt, werden rechtsbündig die überzähligen Zeilen nicht gedruckt.

Beispiel:

```
100 DATA 200,'DIFFERENZ',300
110 READ A,B$,C
120 PRINT USING 130,A,B$,C
130: A=###,#########,C=###
140 END
```

System:

```
A=200,DIFFEREN,C=300
```

Man beachte, daß für Zeichenkonstante 'DIFFERENZ' nicht genügend Ersatzzeichen vorgesehen wurde.

3.3 MAT PRINT-Anweisung

Mit dieser Anweisung können ganze arithmetische Bereiche (Matrizen) ausgedruckt werden. Es genügt also eine Anweisung, damit Zeile um Zeile einer definierten Matrix gedruckt wird. Dazwischen liegt immer eine Leerzeile. Der Beginn einer neuen Matrix wird mit zwei Leerzeilen gekennzeichnet.

Schreibweise:

MAT PRINT $\left[\begin{Bmatrix} ; \\ , \end{Bmatrix}\right]$ Matrixname $\left[\ldots \left[\begin{Bmatrix} ; \\ , \end{Bmatrix}\right]\right]$

Komma oder Semikolon geben auch in der MAT PRINT-Anweisung an, wo die einzelnen Elemente der Matrix gedruckt werden sollen. Ein dem Matrixnamen folgendes Komma setzt den Druckkopf auf die nächste verfügbare lange Druckzone. Folgt hingegen dem Namen ein Semikolon, wird der Druckkopf auf die nächste kurze Druckzone gesetzt, nachdem jedes Element der Matrix gedruckt worden ist. Die Länge der kurzen Zone wird durch die Größe der Konstante bestimmt. Ist am Ende einer MAT PRINT-Anweisung kein Komma oder Semikolon vorhanden, wird die zuletzt aufgeführte Matrix in der Langzonenaufteilung gedruckt. Genügt die Zonenbreite für eine Matrix nicht, wird auf der folgenden Zeile fortgefahren.

Beispiel:

```
100 DIM S(10,10),N(5,6)
110 DATA 17,23,58,97,11,63,82,41
120 MAT READ S(2,2),N(2,2)
130 MAT PRINT S;N,
140 END
```

System:

```
17          23
58          97

11                 63
82                 41
```

Das Semikolon in der obigen MAT PRINT-Anweisung verursacht das Drucken der Elemente der Matrix S unter Benutzung der kurzen Druckzonenaufteilung. Das Komma veranlaßt das Drucken der Elemente der Matrix N in der Langzone. Um die Matrixelemente in einfacher bzw. doppelter Genauigkeit verwenden zu können, ist nur der schon mehrmals erwähnte Betriebssystembefehl verantwortlich.

3.4 MAT PRINT USING-Anweisung

Mit der FORMAT-Anweisung werden ganze Matrizen ausgedruckt. Es gelten die Regeln der PRINT USING-Anweisung. Jede gedruckte Zeile ist von der nächsten durch eine Leerzeile getrennt. Bei mehreren Matrizen trennen zwei Leerzeilen die eine von der andern.

Schreibweise:

MAT PRINT USING Zeilenr., Matrixname [, Matrixname] . . .

: $\left[\begin{Bmatrix}\text{Zeichenkette}\\ \text{Druckformat}\end{Bmatrix}\right]$ . . . Druckformat $\left[\begin{Bmatrix}\text{Zeichenkette}\\ \text{Druckformat}\end{Bmatrix}\right]$ . . .

Beispiel:

```
100 MAT PRINT USING 110,F
110: RESULTAT ####
```

Übersteigt die Anzahl Matrixelemente eine Reihe in der FORMAT-Anweisung, wird auf der folgenden Zeile die restliche Matrix gedruckt. Ist die Anzahl Elemente der Matrixreihe kleiner als die in der FORMAT-Anweisung, wird das Drucken beim ersten nichtverwendeten Element beendet.

Beispiel:

```
100 DIM A(3,2)
110 DATA 70,110,40,10,30,80
120 MAT READ A
130 PRINT USING 140
140: KOL.1       KOL.2
150 MAT PRINT USING 160,A
160: ###         ###
170 END
```

System:

KOL.1	KOL.2
70	110
40	10
30	80

3.5 PUT-Anweisung

Die PUT-Anweisung setzt die Ergebnisse eines Programmes in eine Datendatei. Auch diese Datei muß durch einen Betriebssystembefehl definiert sein.

Schreibweise:

$$\text{PUT} \begin{Bmatrix} \text{'Dateiname'} \\ \text{Zeich. Var.} \end{Bmatrix} , \begin{Bmatrix} \text{arith. Ausdr.} \\ \text{Zeich. Ausdr.} \end{Bmatrix} \left[\begin{Bmatrix} \text{arith. Ausdr.} \\ \text{'Zeich. Ausdr.} \end{Bmatrix} \right] \ldots$$

Wenn die Anzahl der spezifizierten Ausdrücke in der PUT-Anweisung die Größe der Datei übersteigt, resultiert daraus ein Ausführungsfehler. Nachdem der Wert einer Variable in die Datei gesetzt worden ist, gleitet der Datenhinweiszeiger auf den nächsten verfügbaren Platz weiter. Durch 'Dateiname' kann das System die Beziehung zwischen Programm und Datei herstellen.

Beispiel:

```
ALLOCATE DATEI (DIFF)
100 INPUT Y6,R,W$
110 PRINT Y6,R,W$
120 PUT 'DIFF',Y6,R,W$
130 END
```

In diesem Beispiel setzt die PUT-Anweisung die Werte von Y6, R und W auf die Plattendatei.

Das Programm nimmt mit dem Dateiname 'DIFF' Bezug auf die Plattendatei. Stellt das System eine gültige Datendatei fest, z. B. in der PUT-Anweisung, so wird diese Datei eröffnet. Die RESET-Anweisung kann im Zusammenhang mit der PUT-Anweisung verwendet werden. Nachdem alle Daten auf der Plattendatei sind, setzt eine RESET-Anweisung auf das erste Element. Diese vorhin erstellte Datei kann also wieder zur Dateneingabe benutzt werden. Ist eine Datei erstellt, muß vor Programmabschluß die Datei mit einer CLOSE-Anweisung abgeschlossen werden.

3.6 MAT PUT-Anweisung

Die MAT PUT-Anweisung hat wie die vorangegangene PUT-Anweisung die gleiche Wirkung. Errechnete Werte eines Programmes werden in eine Daten-datei gesetzt, die in diesem Fall eine Matrix darstellt. Es werden nicht die Werte einzelner Variablen abgespeichert, sondern die ganze Matrix.

Schreibweise:

MAT PUT $\left\{\begin{matrix}\text{'Dateiname'}\\ \text{Zeich. Var.}\end{matrix}\right\}$, Matrixname [, Matrixname] . . .

Diese Daten der Matrix werden reihenweise in die Datenmatrix gesetzt. Werden mehr Datenelemente in eine Matrix gebracht als definiert worden sind, tritt ein Ausführungsfehler auf.

Beispiel:

ALLOCATE DATEI (DIFF)

```
100 DIM K(10,10),L(5,5)
110 MAT INPUT K(3,2),L(4,4)
120 MAT PUT 'DIFF',K,L
130 END
```

System:

Die MAT PUT-Anweisung speichert die zwei Matrizen K und L als Datei auf die Platte.

Die RESET- und die CLOSE-Anweisung bewirken hier dasselbe wie in der PUT-Anweisung. Die erstellte Matrix kann wieder als Eingabe dienen. Jedesmal bevor die Datei verwendet wird, findet eine Gültigkeitsprüfung statt.

4. ERGIBT-Anweisungen

Es gibt drei Möglichkeiten, um Variablen, Bereichen und Matrizen Werte zuzuordnen. Diese Anweisungen lauten:

- * LET-Anweisung
- * DEF-Anweisung
- * MAT-Zuordnungsanweisung

4.1 LET-Anweisung

Diese Anweisung wird verwendet, um arithmetischen oder Zeichenvariablen einen Wert zuzuweisen. Auch die Vercodung von mathematischen Formeln kann das Schlüsselwort LET gebrauchen.

Schreibweise:

$$[\text{LET}] \left\{ \begin{array}{l} \left\{\begin{array}{l}\text{arith. Var.}\\ \text{arith. Ber. Var.}\end{array}\right\} \left[, \left\{\begin{array}{l}\text{arith. Var.}\\ \text{arith. Ber. Var.}\end{array}\right\}\right] \ldots = \text{arith. Ausdr.} \\ \left\{\begin{array}{l}\text{Zeich. Var.}\\ \text{Zeich. Ber. Var.}\end{array}\right\} \left[, \left\{\begin{array}{l}\text{Zeich. Var.}\\ \text{Zeich. Ber. Var.}\end{array}\right\}\right] \ldots = \text{arith. Ausdr.} \end{array} \right\}$$

Die Variable links vom Gleichheitszeichen kann entweder arithmetisch oder alphanumerisch sein. Der Ausdruck rechts vom Gleichheitszeichen muß vom gleichen Typ sein wie links vom Gleichheitszeichen. Das Schlüsselwort LET ist wahlfrei. Wir können somit alle ERGIBT-Anweisungen auch ohne das Schlüsselwort vercoden.

Beispiel:

```
100 LET F=G+H
200 A=B**3
300 LET X=3
400 Y=17
```

Wird in der Programmausführung einer Formel ein Wert berechnet, wird er der Variablen links vom Gleichheitszeichen zugeordnet.

Beispiel:

```
100 LET F=D**2*&PI/4
200 V=R**2*&PI*H
300 X1=(-B-SQR(B**2-4*A*C))/(2*A)
400 LET P=R*I**2
```

Man beachte, daß links vom Gleichheitszeichen mehrere Variablen vom gleichen Typ stehen können. Diese Variablen müssen durch Komma getrennt sein. Sämtliche Variablen erhalten dann den Wert rechts des Kommas zugewiesen. Man bedenke auch, daß immer zuerst der Wert, z. B. aus einer mathematischen Gleichung, der rechts vom Gleichheitszeichen steht, berechnet wird. Nachher wird der Wert der Variablen links vom Gleichheitszeichen zugewiesen. Das hat im folgenden **Beispiel** eine wichtige Konsequenz.

```
100 LET A,B,C=X+Y
200 U,V=X**5
300 LET G,H,I=4
400 R,S,T=18
```

4.2 Auflösung arithmetischer Formeln

Sämtliche Berechnungen werden in Dezimalarithmetik durchgeführt. Die Resultate werden bei einfacher Genauigkeit auf 7, bei doppelter auf 15 gültige Ziffern gerundet. Die Genauigkeit wird durch einen Betriebssystembefehl definiert. Die Ausführung von arithmetischen Operationen unterzieht sich einer Rangstufung.

Operationssymbol	Operation
↑ oder **	Potenzierung
*	Multiplikation
/	Division
+	Addition
-	Subtraktion

Drei wichtige Regeln gelten:

1. Rechenoperationen innerhalb von Klammern werden zuerst ausgeführt, dann folgen diejenigen außerhalb der Klammern. Das innerste Klammerpaar hat Priorität.

2. Operationen höherer Rangordnung werden vor den niederen ausgeführt. Die Reihenfolge ist demnach folgende:

   a) ↑ oder **
   b) Plus- oder Minuszeichen vor der 1. Variable oder Konstante
   c) * oder /
   d) + oder -

3. Operationen gleicher Rangordnung werden von links nach rechts innerhalb des Erscheinens ausgeführt.

Beispiel für die Lösung einer quadratischen Gleichung:

```
100 INPUT A,B,C
110 X1=(-B+SQR(B↑2-4*A*C))/(2*A)
120 X2=(-B-SQR(B↑2-4*A*C))/(2*A)
130 PRINT X1,,X2
140 END
```

Die Maschine macht für die Variable X folgende Reihenfolge:

System: ?
Benutzer: 1,2,1
System: - 1

```
X1=(-B+SQR(B↑2-4*A*C))/(2*A)
X1=(-B+SQR(4-4*A*C))/(2*A)
X1=(-B+SQR(4-4*C))/(2*A)
X1=(-B+SQR(4-4))/(2*A)
X1=(-B+SQR(0))/(2*A)
X1=(-B+0))/(2*A)
X1=(-2)/(2*A)
X1=-2/2
X1=-1
```

Das gleiche Verfahren gilt für X2.

Unterstrichene Operationen zeigen die Reihenfolge. Man merke sich, daß immer entsprechend der Genauigkeit die Resultate gerundet werden. Eine Operation durch Null zu dividieren, verursacht einen Fehler, der zum Abbruch der Programmausführung führt.

4.3 DEF-Anweisung

Die DEF-Anweisung ist kein ausführbarer Befehl. Sie wird zum Definieren häufig benutzter mathematischer Formeln verwendet. Sie kann überall innerhalb eines Programmes erscheinen. Das Ergebnis einer DEF-Anweisung wird einer besonderen Variablen zugewiesen.

Schreibweise:

DEF Funktionsname (arith. Var.) = arith. Ausdr.

Der Funktionsname einer DEF-Anweisung ist immer FN, dem ein alphabetisches Zeichen folgen muß. Dieser Name zeigt eine bestimmte Benutzerfunktion. Wird innerhalb eines Programmes auf diese Funktion Bezug genommen, springt das Programm automatisch auf diese Funktion und berechnet mit den aktuellen Werten den Funktionswert aus. Am Ende dieses Vorganges springt das Programm automatisch in die Programmzeile zurück, von wo es gekommen ist, und rechnet dort mit dem in der DEF-Anweisung berechneten Wert weiter. Diese arithmetische Variable kann nur in der DEF-Anweisung verwendet werden und steht in keiner Beziehung zu einem Variablennamen außerhalb der DEF-Anweisung. Dort wo arithmetische Variablen sind, kann auch eine DEF-Anweisung stehen.

Beispiel:

```
100 INPUT A,B,C
110 DEF FNQ(X)=SQR((A+B)**X)
120 Z=FNQ(C)/4
130 PRINT A,B,C,Z
140 END
```

Bei Anweisung 120 springt das Programm auf Anweisung 110, setzt an Stelle von X die Variable C ein. Sobald der Wert berechnet ist, fährt das Programm in Anweisung 120 weiter und führt die dortige Berechnung aus.

X Scheinvariable
C Aktualvariable

Eine DEF-Anweisung kann nicht auf sich selbst beziehen. Dieses würde einen Ausführungsfehler bewirken.

Beispiel:

```
100 DEF FNY(V)=V/4+FNY(W)
```

Eine Funktion kann sich nicht auf eine andere Funktion beziehen, die die zu definierende Funktion aufruft.

```
      .
      .
      .
100 DEF  FNC(W)=W+X/FND(Z)
      .
      .
      .
400 DEF  FND(W)=W+X*FNC(Y)
```

Maximal können 10 verschachtelte Benutzerfunktionen definiert werden. Das folgende **Beispiel** zeigt verschachtelte Benutzerfunktionen:

```
100 DEF FNX(A)=A**4
110 DEF FNY(B)=A-FNX(B)
      .
      .
      .
190 LET U=A*B
200 Z=FNY(U)
```

4.4 Die Benutzung von Systemfunktionen

Es gibt viele mathematische Funktionen (z. B. trigonometrische), die immer nur in mathematischen Problemen gebraucht werden. Diese Funktionen stellt das Betriebssystem zur Verfügung. Sie können immer aufgerufen werden, sobald sie eine mathematische Formel verlangt. Die Überlegungen sind ähnlich wie in der DEF-Anweisung, nur müssen sie hier keine zusätzlichen Definitionen anfügen. Die Genauigkeit der Funktionen wird der verlangten Programmgenauigkeit entsprechen. Die folgende Tabelle zeigt die Systemfunktionen. Die Variable X kann eine arithmetische Konstante, Variable, Bereichsvariable oder Ausdruck sein.

SIN (X)	Berechnet den Sinus von X Grad Bogenmaß.
COS (X)	Berechnet den Cosinus von X Grad Bogenmaß.
TAN (X)	Berechnet den Tangens von X Grad Bogenmaß.
COT (X)	Berechnet den Cotangens von X Grad Bogenmaß.
SEC (X)	Berechnet den Sekant von X Grad Bogenmaß.
CSC (X)	Berechnet den Cosekant von X Grad Bogenmaß.
ASN (X)	Berechnet den Arcussinus (in Grad Bogenmaß) der realen Zahl. Wobei $(-\pi/2) \leq ASN(X) \leq (\pi/2)$.
ACS (X)	Berechnet den Arcuscosinus (in Grad Bogenmaß) der realen Zahl X. Wobei $0 < \mid ACS(X) \mid \leq 1$.
ATN (X)	Berechnet den Arcustangens (in Grad Bogenmaß) der realen Zahl X. Wobei $-(\pi/2) < ATN(X) < (\pi/2)$.
HSN (X)	Berechnet den Sinus hyperbolicus der realen Zahl X.
HCS (X)	Berechnet den Cosinus hyperbolicus der realen Zahl X.
HTN (X)	Berechnet den Tangens hyperbolicus der realen Zahl X.
DEG (X)	Berechnet die Anzahl der Grade (Winkelmaß) aus (X) Grad Bogenmaß.
RAD (X)	Berechnet die Anzahl der Grad Bogenmaß aus X Grad (Winkelmaß).
EXP (X)	Berechnet den Wert von e^x.
ABS (X)	Berechnet den absoluten Betrag der realen Zahl X.
LOG (X)	Berechnet den natürlichen Logarithmus (zur Basis e) der positiven Zahl X größer als Null.
LTW (X)	Berechnet den Logarithmus zur Basis 2 der positiven Zahl X größer als Null.
SQR (X)	Berechnet die Quadratwurzel der positiven Zahl X.
INT (X)	Übergibt den ganzzahligen Teil der reellen Zahl X. Wenn $X<0$, dann wird der zurückgegebene Wert der kleinste ganzzahlige Wert sein. INT(-3.14) ist gleich -3. Wenn $X \geq 0$, dann ist der zurückgegebene Wert der größte ganzzahlige Wert $\leq X$. INT (3.14)=3.

SGN (X) Stellt das Vorzeichen der reellen Zahl X zur Verfügung. Wenn X<0, so ist SGN (X) = -1; wenn X=0, so ist SGN (X) = 0; wenn X>0, so ist SGN (X) = +1.

RND [(X)] Stellt eine Zufallszahl in dem Intervall zwischen 0 und 1 entsprechend einer Gleichverteilung in diesem Intervall zur Verfügung. Jede Zufallszahl wird aus der vorher gehenden errechnet entsprechend des festen Algorithmuses.

Der Zufallszahlengenerator kann durch Spezifizierung eines Argumentes initialisiert werden; das Argument kann eine beliebige Zahl sein. Nachfolgende Bezugnahmen zu RND ohne die Benutzung eines Argumentes bewirken, daß die neue Zahl aus der vorhergehenden generiert wird.

Jedesmal wenn RND mit einem Argument aufgerufen wird, wird der Generator mit dem absoluten Wert des Arguments initialisiert. Wenn RND ohne ein Argument aufgerufen wird, und es wurde keine vorhergehende Initialisierung durchgeführt, wird der Generator sich selbst initialisieren unter Benutzung eines durch die Implementierung definierten Wertes.

DET (X) Stellt den Wert der Determinanten der quadratischen arithmetischen Matrix X zur Verfügung. Die Matrix muß entweder implizit definiert worden sein oder explizit in einer DIM-Anweisung, ehe sie als Argument in einer DET-Funktion benutzt werden kann.

Die folgenden **Programmierbeispiele** zeigen die Verwendung der definierten Funktionen.

```
0100 INPUT A,B1,X1,X2,X3,F1
0110 PRINT USING 0120
0120 : -|----------------------------------+------------------------------|
0130 B=&PI/B1
0140 F=1
0150 G=0
0160 G=G+((COS(F*B)*SIN(F*X1))/F)
0170 F=F+2
0180 IF F > F1 THEN 0200
0190 GO TO 0160
0200 G1=G*4*A/&PI + 32.5
0210 G2=INT(G1)
0220 G3=G2
0230 S=0
0240 IF G3 = 32 GO TO 0520
0250 IF G3 < 32 GO TO 0280
0260 PRINT '                                 |';
0270 G3=G3-33
0280 IF G3 < 16 GO TO 0310
0290 PRINT '                 ';
0300 G3=G3-16
0310 IF G3 < 8 GO TO 0340
0320 PRINT '         ';
0330 G3=G3-8
```

```
0340 IF G3 < 4 GO TO 0370
0350 PRINT '    ';
0360 G3 =G3-4
0370 IF G3 < 2 GO TO 0400
0380 PRINT '  ';
0390 G3=G3-2
0400 IF G3 < 1 GO TO 0420
0410 PRINT ' ';
0420 IF G2 >= 32 GO TO 0500
0430 IF S = 1 GO TO 0480
0440 PRINT '.';
0450 S=1
0460 G3=31-G2
0470 GO TO 0280
0480 PRINT 'I'
0490 GO TO 0530
0500 PRINT '.'
0510 GO TO 0530
0520 PRINT '                               .';
0530 X1=X1+X3
0540 IF X1 > X2 THEN 0560
0550 GO TO 0140
0560 STOP
0570 END

READY
RUN
```

4.5 MAT ERGIBT-Anweisungen

Diese Anweisung untersucht den Matrixausdruck rechts des Gleichheitszeichens und weist das Ergebnis der Matrix links des Gleichheitszeichens zu.

Schreibweise:

MAT Matrixname = $\left\{\begin{array}{l}\text{Matrixname}\\ \text{Matrixausdruck}\end{array}\right\}$

Der Matrixname ist immer ein alphabetisches Zeichen. Dieser Name muß in einer Dimensionsanweisung definiert sein.

Beispiel:

```
100 DIM R(10,10),S(10,10)
110 MAT INPUT R
120 MAT S=R
130 MAT PRINT S,R
140 END
```

Mit Matrizen können auch Rechenoperationen ausgeführt werden. Dieses vereinfacht die Programmierung sehr wesentlich.

Die DIM-Anweisung muß immer verwendet werden, wenn mit Matrizen gerechnet wird (siehe Kapitel 7). Gerade in der Matrizenrechnung gilt BASIC als sehr vereinfacht.

4.5.1 Matrix-Addition

Zwei Matrizen können addiert werden in Form eines einzigen Befehls.

Beispiel:

K	
2	7
5	3

+

Y	
1	4
8	6

=

Z	
3	11
13	9

Schreibweise:

MAT Z=X+Y

Dieser Befehl bewirkt die Addition von zwei Matrizen.

Zusammenhängendes **Beispiel:**

```
100 DIM X(3,4),Y(3,4),Z(3,4)
110 MAT INPUT X,Y,Z
120 MAT Z=X+Y
130 MAT PRINT X,Y,Z
140 STOP
150 END
```

4.5.2 Einsermatrix

Eine ganze Matrix kann durch einen Befehl auf 1 gesetzt werden.

Beispiel:

A		
4	7	3
5	1	9

→

A		
1	1	1
1	1	1

Schreibweise:

MAT A=CON

Es ist auch möglich, nur einen bestimmten Teil der Matrix auf 1 zu setzen.

Beispiel:

A			
8	1	9	2
3	5	4	7

→

A		
1	1	1
1	1	1

MAT A=CON(2,3)

4.5.3 Identitätsmatrix

Mit einem einzigen Befehl wird die Diagonale einer Matrix auf 1 gesetzt. Beginn bei Element (1,1), endet bei Element (N,M).

Beispiel:

A

21	5	14
9	2	23
3	8	19

→

A

1	0	0
0	1	0
0	0	1

Schreibweise:

MAT A=IDN

Bedingung ist, daß die Matrix quadratisch ist. Sonst muß die Matrix redefiniert werden.

Beispiel:

A

17	5	18
9	12	7
2	8	11
3	14	1

→

A

1	0	0
0	1	0
0	0	1

Schreibweise:

MAT A=IDN(3,3)

4.5.4 Matrix-Inversion

Die Matrix muß zweidimensional und quadratisch sein.

Beispiel:

A

1	2
3	4

→

B

-4	3
3.5	-2.5

Schreibweise:

MAT A=INV(B)

Programmierbeispiel:

```
100 DIM A(2,2),B(2,2)
110 MAT INPUT A,B
120 MAT A=INV(B)
130 MAT PRINT A,B
140 STOP
150 END
```

4.5.5 Matrix-Multiplikation

Multiplikation zweier Matrizen

Beispiel:

$$\underset{X}{\begin{bmatrix} 2 \\ 4 \\ 6 \\ 8 \end{bmatrix}} * \underset{Y}{\begin{bmatrix} 1 & 3 & 5 & 7 \\ 9 & 11 & 13 & 15 \\ 17 & 19 & 21 & 23 \\ 25 & 27 & 25 & 31 \end{bmatrix}} = \underset{Z}{\begin{bmatrix} 100 \\ 260 \\ 420 \\ 580 \end{bmatrix}}$$

Schreibweise:

MAT Z=X*Y

Programmierbeispiel:

```
100 DIM X(4,1),Y(4,4),Z(4,1)
110 MAT INPUT X,Y
120 MAT Z=X*Y
130 MAT PRINT X,Y,Z
140 STOP
150 END
```

4.5.6 Skalare Matrix-Multiplikation

Jedes Matrixelement wird mit einer Konstanten multipliziert.

Beispiel:

A

3	4
7	9
1	8

∗ 3 =

A

9	12
21	27
3	24

Schreibweise:

MAT A=(3)∗A

4.5.7 Matrix-Subtraktion

Subtraktion zweier Matrizen mit einem Befehl.

Beispiel:

X

21	24	17
9	3	12
18	11	15

\-

Y

9	11	15
7	1	3
16	2	8

=

Z

12	13	2
2	2	9
2	9	7

Schreibweise:

MAT Z=X-Y

Programmierbeispiel:

```
100 DIM X(3,3),Y(3,3),Z(3,3)
110 MAT INPUT X,Y
120 MAT Z=X-Y
130 MAT PRINT X,Y,Z
140 STOP
150 END
```

4.5.8 Transponieren einer Matrix

Die gegebene Matrix muß zweidimensional sein.

Beispiel:

A

1	4
2	5
3	6

→

B

1	2	3
4	5	6

Schreibweise:

MAT A=TRN(B)

Programmierbeispiel:

```
100 DIM A(3,2),B(2,3)
110 MAT INPUT A
120 MAT A=TRN(B)
130 MAT PRINT B
140 STOP
150 END
```

4.5.9 Nullmatrix

Mit diesem Befehl wird eine Matrix auf Null gesetzt.

Beispiel:

X

15	6	2	18
9	1	7	3

→

X

0	0	0	0
0	0	0	0

Schreibweise:

MAT X=ZER

Möchte man nur einen Teil der Matrix auf Null setzen, so kann diese redefiniert werden.

Beispiel:

X

15	6	2	18
9	1	7	3

→

X

0	0	0
0	0	0

Schreibweise:

MAT X=ZER(2,3)

5. Schleifen-Steuerung-Anweisung

Um bestimmte Instruktionen dauernd zu wiederholen, benutzt man die Schleifenoperation. Die Programmierung von Schleifen wird in der Mathematik viel verwendet (Iteration). Diese Wiederholung von Operationen wird Schleife genannt, die durch zwei BASIC-Anweisungen gekennzeichnet ist. Die Befehle heißen FOR und NEXT.

5.1 FOR- und NEXT-Anweisung

Diese Anweisungen werden immer verwendet, um eine Reihe von Operationen mehrfach durchführen zu können. Die FOR-Anweisung zeigt den Beginn und die NEXT-Anweisung das Ende der Schleife.

Schreibweise:

FOR Steuervar. = arith. Ausdr. TO arith. Ausdr.
[STEP arith. Ausdr.]

NEXT Steuervar.

Programmierbeispiel:

```
100 INPUT A,B,C
110 FOR N=A TO B
120 X=A*B
130 Y=A+B
140 FOR K=1 TO A+B
150 Z=(X+Y)**K
160 PRINT Z
170 NEXT K
180 NEXT N
190 END
```

Der Parameter STEP zeigt das Inkrement (Erhöhung des Wertes der Schleifenvariable). Beim Weglassen ist die Erhöhung immer eins. Man beachte, daß sich die Variablen in der FOR-wie in der NEXT-Anweisung entsprechen müssen. Die Verwendung einer negativen Schrittweite ist auch erlaubt.

Beispiel:

```
200 FOR A=50 TO 1 STEP -1
 :
 :
300 NEXT A
```

Wird die Schleife zum ersten Mal durchgeführt, erhält die Variable den Anfangswert im FOR-Befehl. Für jedes weitere Mal erhöht sich die Variable um die Schrittweite. Bei negativer Schrittweite wird der Wert der Variablen um den Betrag verringert. Dies wird so lange fortgesetzt, bis der minimale Wert der Variablen erreicht ist. Zu diesem Zeitpunkt wird das Betriebssystem die weitere Programmausführung der dem NEXT-Befehl folgenden Anweisung übergeben. Nach Beendigung der Schleife bleibt der Betrag der Schleifenvariablen erhalten. In BASIC hat man die Möglichkeit, eine Schleife zu verlassen.

Programmierbeispiel:

```
100 INPUT X,Y,Z
110 FOR A=X TO Y
120 Z=X**Y
130 IF Z>1E50 THEN 150
140 NEXT A
150 END
```

5.2 Schachtelung von FOR-Schleifen

Schleifen können in Reihe, verschachtelt oder einzeln geschrieben werden. Man nennt eine Schleife verschachtelt, wenn sie total in einer andern enthalten ist. Maximal neun Schleifen können verschachtelt werden. Bildliche Darstellung der drei Schleifenarten:

Reihe *verschachtelt* *einzel*

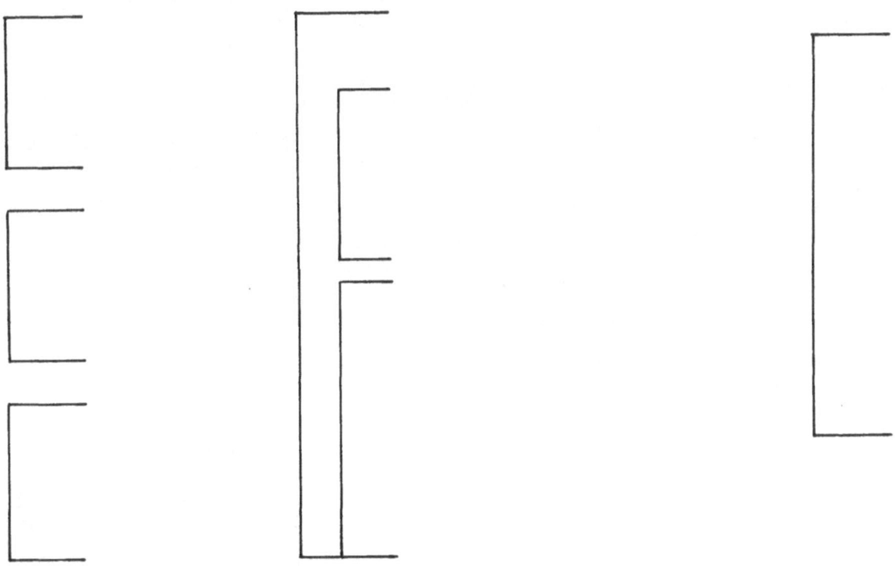

Es ist unmöglich, daß Beginn und Ende *einer* Schleife in *zwei* verschiedenen Schleifen sind. Dies würde zu einer Fehlermeldung führen. Die folgende Darstellung zeigt, was erlaubt bzw. unerlaubt ist.

erlaubt

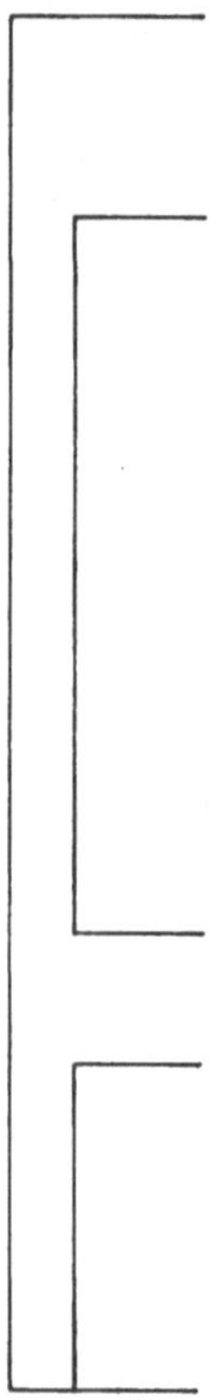

unerlaubt

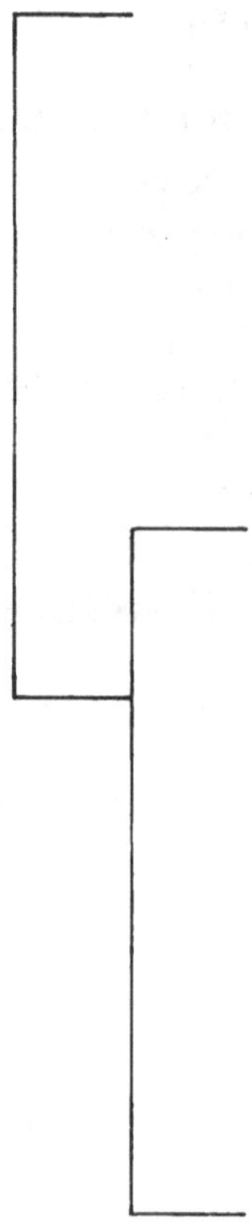

6. Verzweigungs-Anweisungen

Zum Verzweigen in einem Programm stehen zwei Anweisungen zur Verfügung. Diese zwei Instruktionen erlauben, je nach den Gegebenheiten des Programms zu anderen Instruktionen zu verzweigen. Diese Anweisungen heißen GO TO und IF.

6.1 GO TO-Anweisung

Dieser Befehl wird als unbedingte Verzweigung bezeichnet.

Schreibweise:

GO TO Zeilennummer

Die Ausführung wird der Instruktion übertragen, die die GO TO-Anweisung als Zeilennummer enthält.

Beispiel:

```
0100 REM WIDERSTANDSCHALTUNG
0110 INPUT U,R1,R2,R3,R4
0120 PRINT 'I','I1','I2','U1','U2','U3','P'
0130 IF U=999 THEN 0250
0140 LET I=U/(R1*R2/(R1+R2)+R3+R4)
0150 LET U2=I*R3
0160 LET U3=I*R4
0170 LET U1=U-U2-U3
0180 LET I1=U1/R1
0190 LET I2=U1/R2
0200 LET P=U*I
0210 PRINT I,I1,I2,U1,U2,U3,P
0220 LET U=U+0.5
0230 IF U>200 THEN 0110
0240 GO TO 0140
0250 STOP
0260 END
```

6.2 Computed GO TO-Anweisung

Die GO TO-Anweisung kann von noch einer Bedingung abhängig gemacht werden. Es können mehrere Zeilennummern angeführt werden. Den verschiedenen Zeilennummern müssen ein ON und eine Variable folgen. Je nach dem Inhalt der Variable springt das Programm nach einer der Zeilennummern. Es wird nur der ganzzahlige Wert der Variable untersucht (Integer). Enthält also die Variable X den Wert 6.873, dann wird X die Zahl 6 enthalten. Ist der Inhalt der Variable kleiner 1 oder größer als die Anzahl der angeführten Zeilennummern in der GO TO-Anweisung, wird die Verzweigung ignoriert, und die Programmausführung wird bei der dem GO TO Befehl folgenden Instruktionen fortgesetzt.

Schreibweise:

GO TO Zeilenr. [[, Zeilenr.] . . . ON arith. Ausdr.]

Bei der Programmausführung kann ein Fehler auftreten:

* angesprochene Zeilennummer ist im Programm nicht vorhanden,
* Zeilennummer bezieht sich auf sich selbst

Programmierbeispiel:

```
100 INPUT A
110 GO TO 120,140,160,180 ON A
120 X=A**3
130 GO TO 200
140 X=A**4
150 GO TO 200
160 X=A**5
170 GO TO 200
180 X=A**6
190 GO TO 200
200 PRINT A,,X
210 IF A=99 THEN 230
220 GO TO 100
230 STOP
240 END
```

Erklärungen zum obigen **Beispiel:**

Enthält A den Wert 2, so springt das Programm auf Anweisung 140. Enthält A eine 1, so wird der Befehl mit Zeilennummer 120 ausgeführt.

6.3 IF-Anweisung

Diesen Befehl nennt man bedingt. Wenn die Bedingung erfüllt ist, wird die Programmausführung der in diesem Befehl angegebenen Zeilennummer übertragen. Trifft dies nicht zu, so wird die Programmausführung mit dem der IF-Anweisung folgenden Befehl fortgesetzt. Es sind zwei Schreibarten gültig:

$$\text{IF}\left\{\begin{array}{l}\text{arith. Ausdr.}\\ \text{arith. Ber. Var.}\\ \text{Zeich. Var.}\\ \text{Zeich. Ber. Var.}\end{array}\right\}\text{vergl. Op}\left\{\begin{array}{l}\text{arith. Ausdr.}\\ \text{arith. Ber. Var.}\\ \text{Zeich. Var.}\\ \text{Zeich. Ber. Var.}\end{array}\right\}\left\{\begin{array}{l}\text{THEN}\\ \text{GO TO}\end{array}\right\}\text{Zeilenr.}$$

In der IF-Anweisung werden spezifizierte Bedingungen abgefragt. Die gültigen Operationen sind:

Vergleichs-Operatoren

Zeichen auf dem Drucker und der Bildschirm-Einheit	Zeichen auf Kartenlocher/ Prüfer	Funktion
<=	<=	Kleiner oder gleich
>=	>=	Größer oder gleich
≠ oder <>	" oder <>	ungleich
<	<	Kleiner als
>	>	Größer als
=	=	Gleich

Die vergleichenden Elemente müssen vom gleichen Typ sein (numerisch oder alphanumerisch). Eine weitere Anwendung ist das Prüfen und Sortieren von Daten in einer bestimmten Reihenfolge. Der Vergleich von zwei Datenelementen vollzieht sich von links nach rechts.

Beispiel:

```
0100 REM NAEHERUNGVERFAHREN ZUR WURZELBERECHNUNG
0110 REM BERECHNUNG ALLER POSITIVEN ZAHLEN
0120 REM PROGRAMM ENDET MIT 111 EINTIPPEN
0130 INPUT A
0140 IF A=111 GO TO 0240
0150 X=A
0160 F=X
0170 X=0.5*(X+A/X)
0180 IF F-X <0.0001 GO TO 0210
0190 PRINT X
0200 GO TO 0160
0210 PRINT X,A
0220 PRINT
0230 GO TO 0130
0240 STOP
0250 END
```

Es treten Ausführungsfehler auf:

* angegebene Zeilennummer ist im Programm nicht vorhanden
* Zeilennummer in der IF Anweisung bezieht sich auf sich selbst.

7. Das Definieren von Bereichen

Wir haben zwei Möglichkeiten in BASIC, einen Bereich zu definieren:

* DIMENSIONS-Anweisung benützen
* Dem System die Definition selbst überlassen (siehe arithmetische bzw. Zeichenbereichsvariablen).

7.1 DIM-Anweisung

Die DIM-Anweisung gestattet es, Bereiche (Tabellen) ein- oder zweidimensional in beliebiger Größe zu definieren.

Schreibweise:

$$\text{DIM}\begin{Bmatrix}\text{Matrixname (Index)}\\ \text{Zeichenbereich (Index)}\end{Bmatrix}\left[,\begin{Bmatrix}\text{Matrixname (Index)}\\ \text{Zeichenbereich (Index)}\end{Bmatrix}\right]\ldots$$

Die Bereiche können arithmetisch oder alphanumerisch sein. Eine Matrix kann nur einmal definiert werden und dies mit einer DIM-Anweisung. Wir müssen aber von der Möglichkeit einer Redefinition Gebrauch machen.

Beispiel:

```
100 DIM A(100),B(10,7)
200 DIM C$(7),D(2,3)
300 DIM E(30,30)
```

Der Index einer Matrix in der DIM-Anweisung muß immer ein ganzzahliger Wert sein. Die in der Matrix eingesetzten Werte müssen vom gleichen Typ sein, wie die Matrix definiert worden ist.

Beispiel:

```
100 DIM A(30,30),B(30,30),C(30,30)
110 MAT INPUT A(5,5),B(5,5)
120 MAT C=A*B
130 MAT PRINT A,B,C
140 END
```

Man merke sich: Wird ein 100 Element-Bereich benötigt (er ist jedoch nicht mit diesem Wert definiert), findet das Programm ein abnormales Ende.

8. Kommentierung eines Programmes

Ein Programm kann mit Hilfe eines Kommentars näher erläutert werden. Bemerkungen können nur zwischen den Anweisungen vorhanden sein.

8.1 REM-Anweisung

Die REM-Anweisung ist ein nichtausführbarer Befehl. Er wird nur zur Erklärung von Programmteilen verwendet. Bemerkungen sind nur im Quellenprogramm vorhanden. Bei der Ausgabe von Daten sind diese Kommentare nicht mehr zu finden.

Schreibweise:

REM [Kommentar]

Beispiele:

```
100 REM
200 REM PROGRAMMENDE
300 REM A=D**2*&PI/4
```

Beispiel:

```
0100 REM
0110 REM*******************************************************
0120 REM*** MATHEMATISCHE OPTIMIERUNG  SIMPLEX-ALGORITHMUS ***
0130 REM*** E. MAEGERLE                S/3 CENTER ZUERICH ***
0140 REM*******************************************************
0150 REM
0160 PRINT
0170 PRINT ,'INPUT  ZEILE I1  SPALTE J1 '
0180 PRINT
0190 INPUT I1,J1
0200 I=I1
0210 J=J1
0220 DIM A(30,30),B(30),C(30,30)
0230 PRINT
0240 PRINT ,'INPUT MATRIX A '
0250 PRINT
0260 MAT INPUT A(I,J)
0270 I1=1
0280 I1=2
0290 PRINT
0300 IF A(I1,J1) < 0 THEN 0340
0310 I1=I1+1
0320 IF I1 > I THEN 1070
0330 GO TO 0300
0340 I3=I1
0350 PRINT ,'DIE PIVOTZEILE BETRAEGT : '
0360 PRINT
0370 REM
```

```
0380 REM CHARAKTERISTISCHE QUOTIENTEN
0390 REM
0400 J1=1
0410 PRINT ,A(I1,J1)
0420 J1=J1+1
0430 IF J1 > J THEN 0450
0440 GO TO 0410
0450 J1=1
0460 PRINT
0470 PRINT ,'DIE CHARAKTERISTISCHEN QUOTIENTEN BETRAGEN:'
0480 PRINT
0490 I2=I
0500 B(J1)=A(I2,J1)/A(I1,J1)
0510 PRINT ,B(J1)
0520 J1=J1+1
0530 IF J1 <= J-1 THEN 0500
0540 REM
0550 REM KLEINSTER CHARAKTERISTISCHER QUOTIENT
0560 REM
0570 J1=1
0580 G=B(J1)
  .
  .
  .
  .
```

9. Hinzufügen von Programmsegmenten

Es gibt Programmteile, die immer wieder benutzt werden müssen. Damit diese nicht dauernd geschrieben werden müssen, verzweigt man jedesmal in diese Programmteile. Diese Teilabschnitte werden Routinen genannt.

9.1 GOSUB- und RETURN-Anweisung

Die GOSUB-Anweisung überträgt die Programmausführung einer spezifizierten Routine. Es wird dabei die gegebene Zeilennummer angesprungen. Ist diese Zeilennummer nicht vorhanden, dann wird die Programmausführung beendet. Sollte die angesprungene Anweisung nicht ausführbar sein (z. B. Bemerkung), so wird der nächste durchführbare Befehl gesucht. Am Schluß einer Routine muß eine RETURN-Anweisung stehen. Diese übergibt die Programmausführung dem Befehl nach der GOSUB-Anweisung.

Schreibweise:

GOSUB Zeilennummer

RETURN [Kommentar]

Routinen können andere Routinen aufrufen. Man sollte aber darauf verzichten, da die Programmübersicht verloren geht. Richtiger ist, von der Routine wieder ins Hauptprogramm zurückzuspringen, bevor eine weitere Routine aufgerufen wird.

Programmbeispiel:

```
100 INPUT A,B,C
 .
 .
160 GOSUB 300
170
 .
 .
210 GOSUB 300
220
 .
 .
300 REM ROUTINE
 .
 .
360 RETURN ROUTINE END
370 END
```

10. Stoppen der Programmausführung

Es bestehen verschiedene Möglichkeiten, um ein Programm zu stoppen:

* Eine der Anweisungen STOP, END oder PAUSE
* Benutzung von INQUIRY REQUEST (Unterbrechung des Programms an der Konsole eingeleitet)

10.1 END-Anweisung

Die END-Anweisung muß die letzte Zeile eines Programms sein. Diese Instruktion zeigt das Ende des Quellenprogrammes an. Die Programmumwandlung wird dadurch beendet.

Schreibweise:

END [Kommentar]

Ist keine END-Anweisung vorhanden, wird die Instruktion mit der höchsten Zeilennummer als letzte Anweisung betrachtet. Das BASIC-Betriebssystem setzt hier selbständig eine END-Anweisung.

10.2 STOP-Anweisung

Die Programmausführung muß immer mit einer STOP-Anweisung enden. Diese Instruktion kann überall im Programm stehen.

Schreibweise:

STOP [Kommentar]

Die STOP-Anweisung hat keinen Einfluß auf die Programmumwandlung. Es sind mehrere STOP-Anweisungen in einem Programm möglich, im Gegensatz zur END-Anweisung. Durch die Logik eines Programms können wir mit Hilfe von GO TO oder IF nach einer STOP-Anweisung springen.

Beispiel:

```
0100 REM NAEHERUNGVERFAHREN ZUR WURZELBERECHNUNG
0110 REM BERECHNUNG ALLER POSITIVEN ZAHLEN
0120 REM PROGRAMM ENDET MIT 111 EINTIPPEN
0130 INPUT A
0140 IF A=111 GO TO 0240
0150 X=A
0160 F=X
0170 X=0.5*(X+A/X)
0180 IF F-X <0.0001 GO TO 0210
0190 PRINT X
0200 GO TO 0160
0210 PRINT X,A
0220 PRINT
0230 GO TO 0130
0240 STOP
0250 END
```

Es ist auch möglich, eine Programmausführung mit einem Sprung auf die END-Anweisung zu beendigen. Von der Programmlogik aus gesehen ist dies eine sehr eher ungünstige Methode.

```
.
.
.
200 IF X>10 THEN 300
.
.
.
300 PRINT 'X>10'
310 STOP
320 END
```

In diesem Beispiel wird nicht direkt auf die STOP-Instruktion gesprungen. Der Grund dafür ist: Bevor der STOP angesprungen wird, soll mit dem PRINT-Befehl eine Meldung gedruckt werden.

10.3 PAUSE-Anweisung

Diese Anweisung führt zum zeitweisen Stoppen des Programms, das sich in der Durchführung befindet. Diese Unterbrechung kann zum Überprüfen von Zwischenergebnissen benutzt werden.

Schreibweise:

PAUSE [Kommentar]

Wenn in der Programmausführung eine Pause stattfindet, wird ein zugehöriger Kommentar geschrieben (Das Betriebssystem erledigt dieses).

Beispiel:

```
.
.
.
150 X=A**4
160 IF X>B GO TO 250
.
.
.
250 PAUSE
.
.
.
System: PAUSE STATEMENT AT 0250
```

Im PAUSE-Status dürfen gewisse Betriebssystembefehle verwendet werden. Drücken der Programmstart-Taste bewirkt die Fortsetzung des Programms.

11. Verbindung von Hauptprogrammen

Mit dem folgenden Befehl lassen sich Programmaufrufbefehle in ein Quellenprogramm einbauen. Das hat eine ähnliche Wirkung wie bei Subroutinen.

11.1 COM-Anweisung

Der Programmaufruf kann sowohl als Konstante als auch Variable gestaltet sein.

Allgemeine Schreibweise:

170 COM r_1 [WITH r_2]

Beispiel:

```
300 COM 'RUN PGMB'        Bewirkt die Ausführung von Programm B
        (Konstante)
```

oder

```
300 C$='RUN PGMB'
310 COM C$
        (Variable)
```

Die COM-Anweisung ist immer in starkem Zusammenhang mit der PICK-Anweisung, die im Kapitel 11.2 behandelt wird.

Zusammenhängendes **Beispiel:**

Programm A

```
100 A$='RUN PGMB'
110 PRINT 'AUSFUEHRUNG PROGRAMM A'
120 COM A$
130 END
```

Programm B

```
100 PRINT 'AUSFUEHRUNG PROGRAMM B'
110 COM 'RUN PGMC' WITH 'PARAMETER'
120 END
```

Programm C

```
100 PRINT 'AUSFUEHRUNG PROGRAMM C'
110 PICK A$
120 PRINT 'AUSFUEHRUNG PICK', A$
130 END
```

Die Durchführung dieser Programme bewirkt:

AUSFUEHRUNG PROGRAMM A
AUSFUEHRUNG PROGRAMM B
AUSFUEHRUNG PROGRAMM C
AUSFUEHRUNG PICK PARAMETER

Logischer Ablauf:

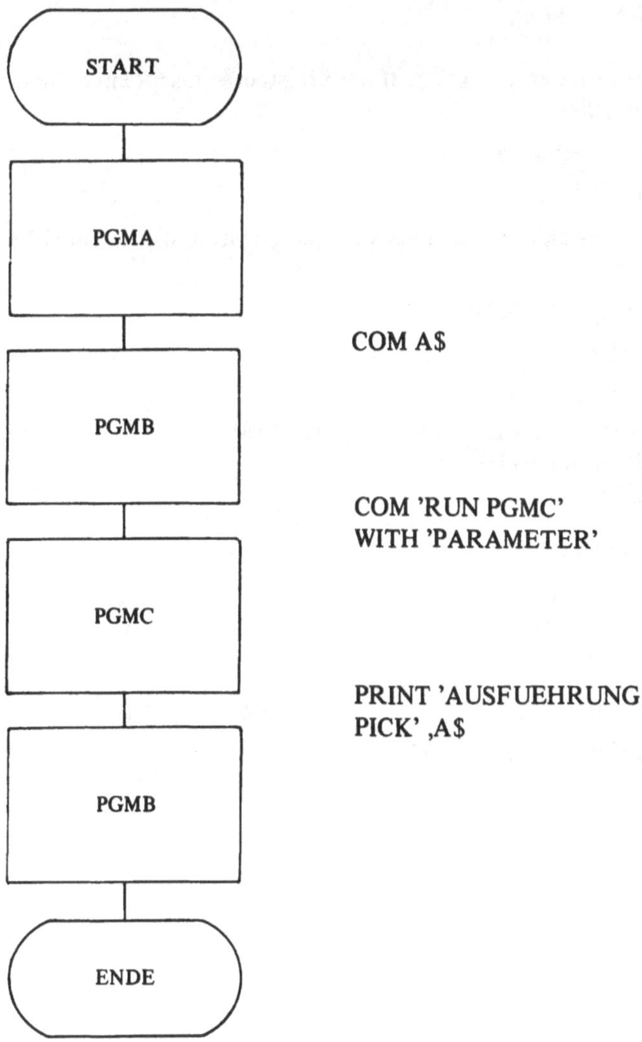

PGMA bewirkt Aufruf von PGMB und dieses ruft PGMC auf. Die Zeile

PRINT 'AUSFUEHRUNG PICK', A$

bewirkt ein nochmaliges Laden von PGMB, weil A$='RUN PGMB'.

Die Zuordnung

PICK A$ in PGMC

besagt, daß nur die Konstante nach dem Schlüsselwort WITH in PGMB verwendet werden darf.

11.2 PICK-Anweisung

Dieser Befehl erlaubt jederzeit, auf die Konstanten nach dem Schlüsselwort WITH zuzugreifen.

Allgemeine Schreibweise:

130 PICK r

Für r ist nur eine alphanumerische Variable gestattet, die maximal 18 Stellen lang sein darf.

Zusammenhängendes **Beispiel**:

PROGRAMM A

```
100 X$='RUN PGMB'
110 Y$='AUSFUEHRUNG PICK PARAM'
120 COM X$ WITH Y$
130 END
```

PROGRAMM B

```
100 PICK Y$
110 PRINT Y$
120 END
```

Gedruckte Liste:

AUSFUEHRUNG PICK PARAM

12. Anhang

Der Anhang stützt sich auf das IBM-System/3-6. Dieses gilt hauptsächlich für Operating und Betriebsystembefehle. Sie sind stark systemabhängig und ändern sich je nach verwendetem Computertyp. Die Programmierbeispiele sind ausgetestet und können als Programmiervorlage verwendet werden.

12.1 Zusammenfassung der BASIC-Anweisungen

Anweisung	*Funktion der Anweisung*
CLOSE {'erf. Dateiname' / Zeich. Var.} [, {'erf. Dateiname' / Zeich. Var.}] . . .	Schließt eine geöffnete Datendatei, definiert in einem ALLOCATE-Befehl.
DATA {arith. Kon. / Zeich. Kon} [, {arith. Kon. / Zeich. Kon.}] . . .	Definiert Daten, die durch READ- oder MAT READ-Anweisungen zu lesen sind
DEF Funktionsname (arith. Var.) = arith. Ausdr.	Definiert eine Benutzerfunktion
DIM {Matrix-Name (ganze Zahl [,ganze Zahl]) / Zeich. Ber. (ganze Zahl)} [, {Matrix-Name (ganze Zahl [,ganze Zahl]) / Zeich. Ber. (ganze Zahl)}] . . .	Spezifiziert die Bereichs-Dimensionen
END [Bemerkung]	Stoppt die Umwandlung und Ausführung des Programms

Anweisung	Beschreibung
FOR Lauf. Var. = arith. Ausdr. TO arith. Ausdr. [STEP arith. Ausdr.] *Anmerkung:* Diese Anweisung muß mit einer NEXT-Anweisung gepaart werden.	Beginnt eine FOR/NEXT-Schleife und definiert, wie oft die Schleife ausgeführt werden soll
GET $\begin{Bmatrix}\text{'erf. Dateiname'}\\ \text{Zeich. Var.}\end{Bmatrix}, \begin{Bmatrix}\text{arith. Var.}\\ \text{arith. Ber. Var.}\\ \text{Zeich. Var.}\\ \text{Zeich. Ber. Var.}\end{Bmatrix}\left[, \begin{Bmatrix}\text{arith. Var.}\\ \text{arith. Ber. Var.}\\ \text{Zeich. Var.}\\ \text{Zeich. Ber. Var.}\end{Bmatrix}\right]\ldots$	Liest die Daten aus einer Eingabe-Daten-Datei, die in einem ALLOCATE-Befehl spezifiziert ist
GOSUB Zeilennummer	Überträgt die Steuerung der Programmausführung einem Unterprogramm
GO TO Zeilennummer [,Zeilennummer] . . . ON arith. Ausdr.	Überträgt die Steuerung der Programmausführung einer spezifizierten Zeile
IF $\begin{Bmatrix}\text{arith. Ausdr. Vergl. Oper arith. Ausdr.}\\ \text{Zeich. Ausdr. Vergl. Oper Zeich. Ausdr.}\end{Bmatrix}\begin{Bmatrix}\text{THEN}\\ \text{GO TO}\end{Bmatrix}$ Zeilennummer	Überträgt die Steuerung der Programmausführung einer spezifizierten Zeile, wenn die spezifizierte Bedingung vorliegt.
MAT GET $\begin{Bmatrix}\text{'erf. Dateiname'}\\ \text{Zeich. Var.}\end{Bmatrix}$, Matrix-Name [(arith. Ausdr. [, arith. Ausdr.])]	Liest Daten aus der Eingabe-Daten-Datei, spezifiziert, durch einen

Anweisung	Beschreibung
[,Matrix-Name [(arith. Ausdr. [, arith. Ausdr.])]] . . .	ALLOCATE-Befehl, in die spezifizierten Matrizen
Anmerkung: Diese Anweisung muß vollständig auf einer Eingabe-Zeile erscheinen.	
MAT INPUT Matrix-Name [(arith. Ausdr. [, arith. Ausdr.]) [,Matrix-Name [(arith. Ausdr. [, arith. Ausdr.])]] . . .	Spezifiziert die Matrizen, für die Daten eingegeben werden, wenn die Anweisung ausgeführt wird.
Anmerkung: Diese Anweisung muß vollständig auf einer Eingabe-Zeile erscheinen.	
MAT PRINT Matrix Name [{ ; / , } Matrix-Name] . . . [{ ; / , }]	Druckt den Inhalt der spezifizierten Matrizen während der Programmausführung
Anmerkung: Ein Semikolon zeigt den Zwischenraum für eine kurze Druckzone an. Für weitere Informationen über kurze Druckzonen siehe unter Anweisungs-Syntax PRINT.	
MAT PRINT USING Zeilennummer, Matrix-Name [,Matrix-Name] . . . . : [{Zeichenfolge / Druckbild}] . . . Druckbild [{Zeichenfolge / Druckbild}] . . .	Bereitet die Inhalte der spezifizierten Matrizen auf und druckt sie während der Programmausführung
MAT PUT {'erf. Dateiname' / Zeich. Var.} ,Matrix-Name [, Matrix-Name] . . .	Bringt die Inhalte der spezifizierten Matrizen in eine Ausgabe-Daten-Datei, spezifiziert durch einen ALLOCATE-Befehl.

MAT READ Matrix-Name [(arith. Ausdr. [, arith. Ausdr.])] [,Matrix-Name [(arith. Ausdr. [,arith. Ausdr.])]] . . .	Liest die Daten aus einer Daten-Datei, die durch eine DATA-Anweisung erstellt wurde, in die spezifizierten Matrizen.
$\text{INPUT}\left\{\begin{array}{l}\text{arith. Var.}\\ \text{arith. Ber. Var.}\\ \text{Zeich. Var.}\\ \text{Zeich. Ber. Var.}\end{array}\right\}\left[,\left\{\begin{array}{l}\text{arith. Var.}\\ \text{arith. Ber. Var.}\\ \text{Zeich. Var.}\\ \text{Zeich. Ber. Var.}\end{array}\right\}\right]\ldots$	Spezifiziert die Variablen, für die Sie Daten eingeben, wenn die Anweisung ausgeführt ist.
$\text{[LET]}\left\{\begin{array}{l}\left\{\begin{array}{l}\text{arith. Var.}\\ \text{arith. Ber. Var.}\end{array}\right\}\left[,\left\{\begin{array}{l}\text{arith. Var.}\\ \text{arith. Ber. Var.}\end{array}\right\}\right]\ldots=\text{arith. Ausdr.}\\ \left\{\begin{array}{l}\text{Zeich. Var.}\\ \text{Zeich. Ber. Var.}\end{array}\right\}\left[,\left\{\begin{array}{l}\text{Zeich. Var.}\\ \text{Zeich. Ber. Var.}\end{array}\right\}\right]\ldots=\text{char. Ausdr.}\end{array}\right\}$	Ordnet einfache Werte oder Formel-Lösungen einer spezifizierten Variablen zu
$\text{MAT Matrix-Name}=\left\{\begin{array}{l}\text{Matrix-Name}\\ \text{Matrix-Ausdr.}\end{array}\right\}$	Berechnet einen Matrix-Ausdruck und ordnet das Ergebnis einer spezifizierten Matrix zu.

Die folgenden Ausdrücke sind gültige Matrix-Ausdrücke, die in MAT-Anweisungen benutzt werden können.

Matrix-Ausdruck	Operation
M+N	Summe zweier Matrizen
M–N	Differenz zweier Matrizen
M*N	Produkt zweier Matrizen, entsprechend der mathematischen Matrix-Multiplikation

(e)*M	Produkt von e (arithmetische Konstante, Variable oder in Klammern eingeschlossener Formeln) und der Matrix M
ZER [(e_1,[e_2])]	Erstellt eine e_1 oder e_1 bis e_2 Null-Matrix
CON [(e_1[, e_2])]	Erstellt eine e_1 oder e_1 -bis -e_2 Einheitsmatrix
IDN [(e_1, e_2)]	Erstellt eine e_1 -bis-e_2 Identitäts-Matrix (Es muß eine Quadrat-Matrix benutzt werden).
INV(M)	Umkehrung der Matrix M (Das Limit der Dimensionen der Quadrat-Matrix M ist annähernd 30, 30.)
TRN(M)	Transponierte Matrix M.

NEXT Lauf. Var. — Letzte Anweisung für eine FOR/NEXT-Schleife

Anmerkung: Diese Anweisung muß mit einer FOR-Anweisung gepaart werden.

PAUSE [Bemerkung] — Stoppt temporär die Programmausführung

$$\text{PRINT}\left[\left[\begin{Bmatrix}\text{arith. Ausdr.}\\ \text{Zeich. Ausdr.}\end{Bmatrix}\right]\left[\begin{Bmatrix},\\ ;\\ \text{Zeich. Kon.}\end{Bmatrix}\begin{Bmatrix}\text{arith. Ausdr.}\\ \text{Zeich. Ausdr.}\end{Bmatrix}\right]\ldots\left[\begin{Bmatrix},\\ ;\\ \text{Zeich. Kon.}\end{Bmatrix}\right]\right]$$

Druckt während der Programmausführung die spezifizierten Daten

Anmerkung: Eine Zeichen-Konstante kann nicht von einer Zeichen-Konstanten gefolgt werden

$$\text{PRINT USING Zeilennummer}\left[,\begin{Bmatrix}\text{arith. Ausdr.}\\ \text{Zeich. Ausdr.}\end{Bmatrix}\right]\ldots$$

$$:\left[\begin{Bmatrix}\text{Zeichenfolge}\\ \text{Druckbild}\end{Bmatrix}\right]\ldots$$

Bereitet die spezifizierten Daten auf und druckt sie während der Programmausführung.

Anweisung	Bedeutung
PUT $\left\{\begin{matrix}\text{'erf. Dateiname'}\\ \text{Zeich. Var.}\end{matrix}\right\}, \left\{\begin{matrix}\text{arith. Ausdr.}\\ \text{Zeich. Ausdr.}\end{matrix}\right\} \left[, \left\{\begin{matrix}\text{arith. Ausdr.}\\ \text{Zeich. Ausdr.}\end{matrix}\right\}\right] \ldots$	Bringt die spezifizierten Daten in eine Ausgabe-Daten-Datei, spezifiziert durch einen ALLOCATE-Befehl.
READ $\left\{\begin{matrix}\text{arith. Var.}\\ \text{arith. Ber. Var.}\\ \text{Zeich. Var.}\\ \text{Zeich. Ber. Var.}\end{matrix}\right\} \left[, \left\{\begin{matrix}\text{arith. Var.}\\ \text{arith. Ber. Var.}\\ \text{Zeich. Var.}\\ \text{Zeich. Ber. Var.}\end{matrix}\right\}\right] \ldots$	Liest Daten aus einer Daten-Datei, die durch eine DATA-Anweisung erstellt wurde
REM [Bemerkung]	Fügt Erläuterungen zu den Programmanweisungen ein
| RESET $\left\{\begin{matrix}\text{'erf. Dateiname'}\\ \text{Zeich. Var.}\end{matrix}\right\} \left[, \left\{\begin{matrix}\text{'erf. Dateiname'}\\ \text{Zeich. Var.}\end{matrix}\right\}\right] \ldots$	Überträgt die Hinweisadressen der Daten an den Anfang einer eröffneten Daten-Datei, spezifiziert durch einen ALLOCATE-Befehl.
RESTORE [Bemerkung]	Überträgt die Hinweisadressen der Daten an den Anfang einer Daten-Datei, die durch eine DATA-Anweisung erstellt wurde.

RETURN [Bemerkung]	Letzte Anweisung eines Unterprogramms, gibt die Ausführungssteuerung an die Anweisung weiter, die der zuletzt ausgeführten GOSUB-Anweisung folgt
STOP [Bemerkung]	Stoppt die Ausführung des Programms

12.2 Übersicht der Systemfunktionen

Funktionsname	*Ausgeführte Funktion*	*Parameterbereich*
SIN(X)	Sinus von X Bogenmaß	$\|X\| < 10^2$ (einfache Genauigkeit) *oder* $\|X\| < 10^6$ (doppelte Genauigkeit)
COS(X)	Cosinus von X Bogenmaß	$\|X\| < 10^2$ (einfache Genauigkeit) *oder* $\|X\| < 10^6$ (doppelte Genauigkeit)
Tan(X)	Tangens von X Bogenmaß	$\|X\| < 10^2$ (einfache Genauigkeit) *oder* $\|X\| < 10^6$ (doppelte Genauigkeit) und X nicht ein ungerades Vielfaches von $\pi/2$

COT(X)	Cotangens von X Bogenmaß	$\|X\| < 10^2$ (einfache Genauigkeit) *oder* $\|X\| < 10^6$ (doppelte Genauigkeit) und X nicht ein Vielfaches von π
SEC(X)	Sekans von X Bogenmaß	$\|X\| < 10^2$ (einfache Genauigkeit) *oder* $\|X\| < 10^6$ (doppelte Genauigkeit) und X nicht ein ungerades Vielfaches von $\pi/2$
CSC(X)	Cosekans von X Bogenmaß	$\|X\| < 10^2$ (einfache Genauigkeit) *oder* $\|X\| < 10^6$ (doppelte Genauigkeit) und X nicht ein Vielfaches von π
ASN(X)	Winkel (im Bogenmaß), dessen Sinus X sich ergibt aus: $-\pi/2 \leqslant ASN(X) \leqslant \pi/2$	$\|X\| \leqslant 1$
ACS(X)	Winkel (im Bogenmaß), dessen Cosinus X sich ergibt aus: $0 \leqslant ACS(X) \leqslant \pi$	$\|X\| \leqslant 1$
ATN(X)	Winkel (im Bogenmaß), dessen Tangens X sich ergibt aus: $-\pi/2 < ATN(X) < \pi/2$	$\|X\| \leqslant 10^{99}$
HSN(X)	Hyperbolischer Sinus von X	$\|X\| < 225$
HCS(X)	Hyperbolischer Cosinus von X	$\|X\| < 225$

HTN(X)	Hyperbolischer Tangens von X HTN(X) wird zu +1, wenn $X \leqslant 100$ HTN(X) wird zu -1, wenn $X \leqslant -100$	$\|X\| < 10^{99}$
DEG(X)	Umrechnen von X von Bogenmaß in Grad	$\|X\| < 10^{99}$
RAD(X)	Umrechnen von X von Grad in Bogenmaß	$\|X\| < 10^{99}$
EXP(X)	Natürliche Exponentialgröße von X EXP(X) wird 0, wenn $X < -225.65$	$X < 227.96$
ABS(X)	Absoluter Wert von X	$\|X\| < 10^{99}$
LOG(X)	Logarithmus von X zur Basis e LOG(X) wird 0, wenn $X = 1$	$X > 0$
LTW(X)	Logarithmus von X zur Basis 2 LTW(X) wird 0, wenn $X = 1$	$X > 0$
LGT(X)	Logarithmus von X zur Basis 10 LGT(X) wird 0, wenn $X = 1$	$X > 0$
SQR(X)	Quadratwurzel aus X	$X \geqslant 0$
RND [(X)]	Zufallszahl R, wobei gilt $0 < R \leqslant 1$	$\|X\| < 10^{99}$ wenn spezifiziert (Parameter nicht notwendig)
INT(X)	Ganzzahliger Teil von X	$\|X\| < 10^{99}$

SGN(X)	Vorzeichen von X, definiert wie folgt: ist $X < 0$, $SGN(X) = -1$ ist $X = 0$, $SGN(X) = 0$ ist $X > 0$, $SGN(X) = +1$	$\lvert X \rvert < 10^{99}$
DET(X)	Determinante der Matrix X (X muß ein definierter Matrix-Name sein) DET(X)=0, wenn Matrix X singulaer oder nahezu singulaer ist	$\lvert X \rvert < 10^{99}$ (für Matrix-Elemente) Die X-Dimensionen sind durch annähernd 30,30 begrenzt.

12.3 Übersicht der BASIC-Ausdrücke

arith. Kon.	Eine arithmetische Konstante ist ein numerischer Wert.
arith. Var.	Eine arithmetische Variable ist ein alphabetisches Zeichen von A bis Z, @, # oder $ oder ein alphabetisches Zeichen direkt durch ein numerisches Zeichen 0 bis 9 gefolgt. Eine arithmetische Variable stelle einen numerischen Wert dar.
arith. Ber. Var.	Eine arithmetische Bereichsvariable ist ein alphabetisches Zeichen, direkt gefolgt durch einen Index in Rundklammern eingeschlossen. Eine arithmetische Bereichsvariable stellt einen numerischen Wert dar, der an der Stelle des Bereichs enthalten ist, die durch den Index angezeigt wird.
arith. Ausdr.	Ein arithmetischer Ausdruck kann eine arithmetische Konstante, Variable, Bereichsvariable oder eine Formel sein.
Zeich. Kon.	Eine Zeichen-Konstante ist eine Folge von Zeichen, die in Hochkommatas gesetzt ist.
Zeich. Var.	Eine Zeichen-Variable ist ein alphabetisches Zeichen -A bis Z, @, # oder $ – direkt von einem Dollarzeichen gefolgt. Eine Zeichen-Variable stellt eine Folge von Zeichen dar.
Zeich. Ber. Var.	Eine Zeichen-Bereichsvariable ist ein alphabetisches Zeichen und ein Dollarzeichen, direkt gefolgt von einem in Klammern eingeschlossenen Index. Eine Zeichen-Bereichsvariable stellt eine Zeichenfolge dar, die an der Stelle des Bereiches enthalten ist, die durch den Index angezeigt wird.
Zeich. Ausdr.	Ein Zeichen-Ausdruck kann eine Zeichenfolge, Variable oder Bereichsvariable sein.
Matrix-Name	Ein alphabetisches Zeichen, A bis Z, @, ## oder $, gefolgt oder nicht gefolgt durch in Klammern eingeschlossene Matrix-Dimensionen.

12.4 System-Konstanten

Name der Konstanten (kann bezeichnet werden)		*Wert-einfache Genauigkeit*	*Wert-doppelte Genauigkeit*
&PI (π)	=	3.141593	3.14159265358979
&E (e)	=	2.718282	2.71828182845905
&SQR2 ($\sqrt{2}$)	=	1.414214	1.41421356237310

12.5 Arithmetische Operatoren

Zeichen auf dem Drucker und der Bildschirm-Einheit	*Zeichen auf dem Kartenlocher/Prüfer*	*Funktion*
↑ oder **	! oder **	Potenzieren
*	*	Multiplikation
/	/	Division
+	+	Addition
-	-	Subtraktion

12.6 Syntax-Symbole

BASIC-Anweisungen und Befehle (System- und Dienstprogramme) haben folgende Symbole gemeinsam:

[ ] *Eckige Klammern:* Diese zeigen an, ob die eingeschlossene Angabe, Angaben oder Gruppe von Angaben je nach Belieben benutzt werden kann oder nicht.

{ } *Geschwungene Klammern:* Diese Klammern enthalten zwei oder mehrere Angaben, unter denen eine Auswahl getroffen werden muß.

—— *Unterstreichungsstrich:* Dieses Symbol zeigt den gewählten Ausdruck an durch Unterlassung, wenn kein wahlweiser Parameter angegeben wurde.

... *Fortsetzungspunkte:* Dieses Symbol zeigt an, daß die vorhergegangene Angabe mehr als einmal in einer Folge wiederholt werden kann.

Die folgenden Symbole müssen immer so benutzt werden, wie sie in einer Anweisung oder Befehls-Syntax gezeigt werden:

( ) *Runde Klammern*

/ *Schrägstrich*

' ' *Hochkommas* (Einzelne Anführungsstriche)

Ausdrücke, die Großbuchstaben enthalten, müssen stets so benutzt werden, wie sie in Anweisung und Befehls-Syntax gezeigt werden.
Ausdrücke, die Kleinbuchstaben enthalten, stellen Informationen dar, die vom Benutzer gewählt werden müssen.

, *Kommata:* Der Gebrauch von Kommata in der Syntax wird unter „BASIC-Anweisungen" und Befehle erklärt.

12.7 Ausgetestete Programmierbeispiele

Lösung von linearen Gleichungssystemen

```
READY
LIST
0100 DIM A(30,30)
0110 INPUT E,N1
0120 PRINT ,,'PROGRAMM 7'
0130 N2=N1+1
0140 REM MATRIX EINLESEN
0150 REM
0160 REM
0170 MAT INPUT A(N1,N2)
0180 REM
0190 REM
0200 REM PIVOTELEMENT SUCHEN
0210 FOR I=1 TO N1
0220 X1=ABS(A(I,I))
0230 L=I
0240 K1=I+1
0250 FOR K=K1 TO N1
0260 IF X1-ABS(A(K,I)) >= 0 THEN 0280
0270 X1=ABS(A(K,I))
0275 L=K
0280 NEXT K
0290 REM PIVOTELEMENT KONTROLLIEREN
0300 IF X1-E > 0 THEN 0340
0310 PRINT ,'PIVOTELEMENT = ',X1,'   KEINE LOESUNG'
0320 STOP
0330 REM ZEILENAUSTAUSCH
0340 FOR J=1 TO N2
0350 B=A(I,J)
0360 A(I,J)=A(L,J)
0365 A(L,J)=B
0370 NEXT J
0380 REM PIVOTZEILE/PIVOTELEMENT
0390 M=N1+1
0400 A(I,M)=A(I,M)/A(I,I)
0410 IF M-I <= 0 THEN 0450
0420 M=M-1
0430 GO TO 0400
0440 REM SPALTENELEMENTE = 0 (SUBTRAKTION)
0450 IF I-1 <= 0 THEN 0480
0460 N=1
0470 GO TO 0520
0480 N=I
0490 N=N+1
0500 IF N-I = 0 THEN 0490
0510 IF N-N1 > 0 THEN 0570
0520 M=N1+1
0530 A(N,M)=A(N,M)-A(N,I)*A(I,M)
0540 IF M-I <= 0 THEN 0490
0550. M=M-1
0560 GO TO 0530
0570 NEXT I
0580 REM AUSGABE
0590 FOR I=1 TO N1
0600 PRINT 'X',I,A(I,N2)
0610 NEXT I
0620 STOP
0630 END
```

```
READY
RUN

?
1E-12,3
                                        PROGRAMM 7

?
1,1,1,6

??
1,-1,1,2

??
1,1, 1,0
X                   1                    1
X                   2                    2
X                   3                    3

READY
```

Lösungssystem der mathematischen Optimierung

Beispiel:

Ein Landwirt will 100 ha. Land bepflanzen
Eingesetztes Kapital: 1 100,–
Verfügbare Arbeitstage: 160 Tage

	Kartoffeln	Getreide	zur Verfügung
Kosten pro ha	10	20	1 100
Tage pro ha	1	4	160
Gewinn in DM	40	120	

Wie muß er den Anbau organisieren, um einen maximalen Reingewinn zu erzielen?

Schon dieses Beispiel wird zeigen, wie aufwendig der ganze Rechenprozeß ausfallen kann.

Ungleichungen:

$$10X_1 + 20X_2 \leqslant 1\,100$$

$$X_1 + 4X_2 \leqslant 160$$

$$X_1 + X_2 \leqslant 100$$

$$X_1 \geqslant 0$$
$$X_2 \geqslant 0$$

Maximaler Reingewinn: $40X_1 + 120X_2 = \text{Max.}$

Die Ungleichungen müssen in einheitlicher Form geschrieben werden:

$$Y_1 = -10X_1 - 20X_2 + 1100$$
$$Y_2 = -X_1 - 4X_2 + 160$$
$$Y_3 = -X_1 - X_2 + 100$$

Objektfunktion $Z = 40X_1 + 120X_2$

Matrix

	Y_1	Y_2	Y_3	Z
$-X_1$	10	1	1	- 40
$-X_2$	20	4	1	- 120
1	1100	160	100	0

	Y_1	Y_2	Y_3	Z	
$-X_1$	10	1	1	- 40	
$-X_2$	20	4	1	- 120	→ Pivotzeile
1	1100	160	100	0	→ letzte Zeile
	55	40	100		→ charakteristische Quotienten

Pivotelement: 4 — Pivotkolonne: Y_2 — 40: kleinster charakteristischer Quotient

Matrix nach 1. Austauschschritt

	Y_1	$-X_2$	Y_3	Z
$-X_1$	5	0.25	0.75	- 10
$-Y_2$	- 5	0.25	- 0.25	30
1	300	40	60	4800

	Y_1	$-X_2$	Y_3	Z	
$-X_1$	5	0.25	0.75	- 10	→ Pivotzeile
$-Y_2$	- 5	0.25	- 0.25	30	
1	300	40	60	4800	
	60	160	80		→ charakteristische Quotienten

Pivotelement: 5 — Pivotkolonne: Y_1 — 60: kleinster charakteristischer Quotient

Matrix nach 2. Austauschschritt

	$-X_1$	$-X_2$	Y_3	Z
$-Y_1$	0.2	0.05	0.15	2
$-Y_2$	-1	5.25	0.5	20
	60	25	15	5400

Die Objektfunktion wird somit:

$$Z = -2Y_1 - 20Y_2 + 5400$$

$$X_1 = 60$$

$$X_2 = 25$$

Da $Y_1 \geqslant 0$, $Y_2 \geqslant 0$ verlangt wird, ist der Reingewinn

$$Z = 5400$$

und wird mit

$X_1 = 60$ (Kartoffeln)

$X_2 = 25$ (Getreide)

erreicht.

Regeln für Pivot

- Wahl der Pivotzeile: Ihr Element in der letzten Kolonne (Z) muß < 0 sein. Sind mehrere Elemente < 0, so kann irgendeine Zeile, die das negative Element enthält, ausgewählt werden. Der gesamte Algorithmus wird abgebrochen, sobald alle Elemente der letzten Kolonne (Z) > 0 sind.
- Wahl des Pivots in der Pivotzeile: Man suche die Elemente der Pivotzeile heraus, die > 0 sind und bilde die zugehörigen charakteristischen Quotienten. Der kleinste unter ihnen gibt die Stelle des Pivots an.

Regeln für Austauschschritt

- Das Pivotelement geht in seinen reziproken Wert über.
- Die übrigen Elemente der Pivotkolonne sind durch das Pivotelement zu dividieren.
- Die übrigen Elemente der Pivotzeile sind durch das Pivotelement zu dividieren und mit dem entgegengesetzten Vorzeichen zu versehen.
- Ein Element im Rest der Matrix wird transformiert, indem man aus 4 Elementen das Rechteck bildet, das in der gegenüberliegenden Ecke den Pivot enthält; dann ist die Rechteckregel anzuwenden.

Regeln für charakteristische Quotienten

Jeden Quotienten erhält man, indem jedes Element der letzten Zeile durch das darüberstehende Element der Pivotzeile dividiert wird.

Der gezeigte Lösungsweg für die mathematische Optimierung steht als BASIC-Programm zur Verfügung.

Lösung:

```
0100 REM
0110 REM******************************************************
0120 REM*** MATHEMATISCHE OPTIMIERUNG  SIMPLEX-ALGORITHMUS ***
0130 REM*** E. MAEGERLE                   S/3 CENTER ZUERICH ***
0140 REM******************************************************
0150 REM
0160 PRINT
0170 PRINT ,'INPUT  ZEILE I1  SPALTE J1 '
0180 PRINT
0190 INPUT I1,J1
0200 I=I1
0210 J=J1
0220 DIM A(30,30),B(30),C(30,30)
0230 PRINT
0240 PRINT ,'INPUT MATRIX A '
0250 PRINT
0260 MAT INPUT A(I,J)
0265 I1=1
0270 PRINT
0280 IF A(I1,J1) < 0 THEN 0320
0290 I1=I1+1
0300 IF I1 > I THEN 0950
0310 GO TO 0280
0320 I3=I1
0330 PRINT ,'DIE PIVOTZEILE BETRAEGT : '
0340 PRINT
0344 REM
0345 REM CHARAKTERISTISCHE QUOTIENTEN
0346 REM
0350 J1=1
0360 PRINT ,A(I1,J1)
0370 J1=J1+1
0380 IF J1 > J THEN 0400
0390 GO TO 0360
0400 J1=1
0402 PRINT
0405 PRINT ,'DIE CHARAKTERISTISCHEN QUOTIENTEN BETRAGEN:'
0406 PRINT
0410 I2=I
0420 B(J1)=A(I2,J1)/A(I1,J1)
0425 PRINT ,B(J1)
0430 J1=J1+1
0440 IF J1 <= J-1 THEN 0420
0490 REM
0500 REM KLEINSTER CHARAKTERISTISCHER QUOTIENT
0510 REM
0520 J1=1
0530 G=B(J1)
0540 IF G < B(J1) THEN 0560
0545 J4=J1
0550 G=B(J1)
0560 J1=J1+1
```

```
0570 IF J1 < J   THEN 0540
0580 PRINT ,'KLEINSTER CHARAKTERISTISCHER QUOTIENT BETRAEGT:',G
0590 PRINT
0600 PRINT ,'PIVOTELEMENT BETRAEGT: ',A(I1,J4)
0610 PRINT
0620 REM
0630 REM AUSTAUSCHSCHRITT
0640 REM
0650 J2=0
0655 F=A(I1,J4)
0660 J2=J2+1
0670 IF J2 <> J4 THEN 0700
0680 C(I1,J2)=1/F
0690 GO TO 0660
0700 IF J2 <= J THEN 0720
0710 GO TO 0740
0720 C(I1,J2)=A(I1,J2)/(-F)
0730 GO TO 0660
0740 I2=1
0750 IF I2 <> I1 THEN 0770
0760 GO TO 0780
0770 C(I2,J4)=A(I2,J4)/F
0780 I2=I2+1
0790 IF I2 <= I THEN 0750
0800 I2,J2=1
0810  IF J2=J4 THEN 0840
0820 IF I2=I1 THEN 0840
0830 C(I2,J2)=A(I2,J2)-A(I2,J4)*A(I1,J2)/F
0840 J2=J2+1
0850 IF J2 <= J THEN 0810
0870 I2=I2+1
0875 J2=1
0880 IF I2 <= I THEN 0810
0920 I3=I3+1
0925 I1=I3
0930 J1=J
0932 FOR I7=1 TO I
0933 FOR J7=1 TO J
0934 A(I7,J7)=C(I7,J7)
0935 PRINT ,A(I7,J7)
0936 NEXT J7
0937 NEXT I7


0940 GO TO 0280
0950 PRINT ,'******* DER ALGORITHMUS IST BEENDET *******'
0960 PRINT
0970 PRINT
1010 PRINT
1020 PRINT ,'DIE ELEMENTE DER ZIELFUNKTION '
1030 PRINT
1040 I1=1
1050 J1=J
1060 PRINT ,'-Y',I1,'=',C(I1,J1)
1070 I1=I1+1
1080 IF I1 < I THEN 1060
1100 PRINT
1110 PRINT ,'KONSTANTE DER ZIELFUNKTION : ',C(I1,J1)
1120 PRINT
1130 PRINT ,'FAKTOREN DER OPTIMIERUNG : '
1140 PRINT
1150 I1=I
```

```
1160 J1=1
1170 PRINT ,'X',J1,'=',C(I1,J1)
1180 J1=J1+1
1190 IF J1 < J-1 THEN 1170
1200 PRINT
1210 PRINT ,'E N D E  D E R  A R B E I T '
1220 STOP
1230 END
```

Ausgabeliste:

```
READY
RUN
                  INPUT  ZEILE I1  SPALTE J1

?
3,4
                  INPUT MATRIX A

?
20,4,1,-120
??
10,1,1,-40
??
1100,160,100,0
                  DIE PIVOTZEILE BETRAEGT :

                   20
                   4
                   1
                  -120

                  DIE CHARAKTERISTISCHEN QUOTIENTEN BETRAGEN:

                   55
                   40
                   100
                  KLEINSTER CHARAKTERISTISCHER QUOTIENT BETRAEGT:      40

                  PIVOTELEMENT BETRAEGT:            4

                  -5
                   .25
                  -.25
                   30
                   5
                   .25
                   .75
                  -10
                   300
                   40
                   60
                   4800
                  DIE PIVOTZEILE BETRAEGT :

                   5
                   .25
                   .75
                  -10

                  DIE CHARAKTERISTISCHEN QUOTIENTEN BETRAGEN:

                   60
                   160
                   80
                  KLEINSTER CHARAKTERISTISCHER QUOTIENT BETRAEGT:      60
```

```
PIVOTELEMENT BETRAEGT:              5

-1          ⎫
 .5         ⎪
 .5         ⎪
 20         ⎪
 .2         ⎪
-5.0E-2     ⎬
-.15        ⎪
 2          ⎪
 60         ⎪
 25         ⎪
 15         ⎪
 5400       ⎭
******* DER ALGORITHMUS IST BEENDET *******


DIE ELEMENTE DER ZIELFUNKTION

-Y                1               =>              20
-Y                2               =>              2

KONSTANTE DER ZIELFUNKTION :       5400

FAKTOREN DER OPTIMIERUNG :

X                 1               =               60
X                 2               =               25

E N D E   D E R   A R B E I T
```

Simulation eines Rechteckgenerators

Ein Rechteckgenerator besteht aus zwei Oszillatoren, die rückgekoppelt sind. Man nennt dies auch einen Multivibrator. Anstatt nun diese komplizierte Meßschaltung aufzubauen, können wir die gegebene Funktion f(X) in BASIC programmieren. Der beiliegende Output zeigt, daß wir sehr genaue Resultate erhalten.

Lösung:

```
0100 INPUT A,B1,X1,X2,X3,F1
0110 PRINT USING 0120
0120 : -|------------------------------+-----------------------------|-
0130 B=&PI/B1
0140 F=1
0150 G=0
0160 G=G+((COS(F*B)*SIN(F*X1))/F)
0170 F=F+2
0180 IF F > F1 THEN 0200
0190 GO TO 0160
0200 G1=G*4*A/&PI + 32.5
0210 G2=INT(G1)
0220 G3=G2
0230 S=0
0240 IF G3 = 32 GO TO 0520
0250 IF G3 < 32 GO TO 0280
0260 PRINT '                                |';
0270 G3=G3-33
0280 IF G3 < 16 GO TO 0310
0290 PRINT '                ';
0300 G3=G3-16
0310 IF G3 < 8 GO TO 0340
0320 PRINT '        ';
0330 G3=G3-8
```

```
0340 IF G3 < 4 GO TO 0370
0350 PRINT '    ';
0360 G3 =G3-4
0370 IF G3 < 2 GO TO 0400
0380 PRINT '  ';
0390 G3=G3-2
0400 IF G3 < 1 GO TO 0420
0410 PRINT ' ';
0420 IF G2 >= 32 GO TO 0500
0430 IF S = 1 GO TO 0480
0440 PRINT '#';
0450 S=1
0460 G3=31-G2
0470 GO TO 0280
0480 PRINT '|'
0490 GO TO 0530
0500 PRINT '#'
0510 GO TO 0530
0520 PRINT '                                #';
0530 X1=X1+X3
0540 IF X1 > X2 THEN 0560
0550 GO TO 0140
0560 STOP
0570 END
```

Rechteckimpuls 1. Art

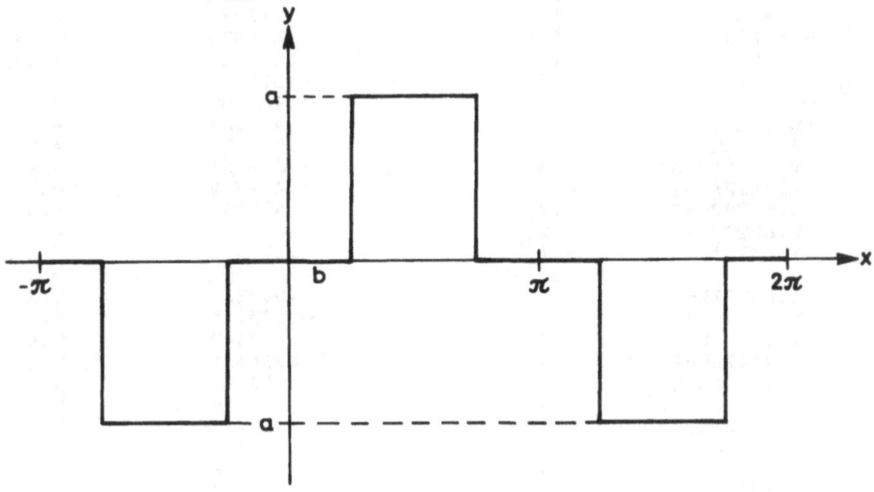

$$f(X) = \frac{4a}{\pi}\left[\frac{\cos b}{1}\cdot\sin x + \frac{\cos 3b}{3}\cdot\sin 3x + \frac{\cos 5b}{5}\cdot\sin 5x + \frac{\cos 7b}{7}\cdot\sin 7x + \ldots\right]$$

$$b = \frac{\pi}{b_1}$$

a, b_1 Parameter

Ausgabeliste:

```
RUN

?
0.5,4,-3,6.3,0.1,15
G1                  X1

 3.97752E-3         -3
 3.92154E-3         -2.9
-1.00884E-2         -2.8
-9.12654E-3         -2.7
 2.56408E-2         -2.6
 1.76363E-2         -2.5
-.133879            -2.4
-.380702            -2.3
-.541385            -2.2
-.532674            -2.1
-.470681            -2
-.480723            -1.9
-.525348            -1.8
-.514165            -1.7
-.475192            -1.6
-.488434            -1.5
-.527003            -1.4
-.509959            -1.3
-.466519            -1.2
-.491909            -1.1
-.552705            -1
-.495325            -.9
-.277433            -.8
-5.18272E-2         -.7
 3.4315E-2          -.6
 9.61901E-3         -.5
-1.41376E-2         -.4
-3.50787E-3         -.3
 5.6722E-3          -.2
 1.85921E-3         -.1
 0                   0
-1.85921E-3          .1
-5.6722E-3           .2
 3.50787E-3          .3
 1.41376E-2          .4
-9.61901E-3          .5
-3.4315E-2           .6
 5.18272E-2          .7
 .277433             .8
 .495325             .9
 .552705             1
 .491909             1.1
 .466519             1.2
 .509959             1.3
 .527003             1.4
 .488434             1.5
 .475192             1.6
 .514165             1.7
 .525348             1.8
 .480723             1.9
 .470681             2
 .532674             2.1
 .541385             2.2
 .380702             2.3
 .133879             2.4
-1.76363E-2          2.5
-2.56408E-2          2.6
 9.12654E-3          2.7
 1.00884E-2          2.8
-3.92154E-3          2.9
-3.97752E-3          3
-1.66502E-4          3.1
 4.38886E-4          3.2
 4.77183E-3          3.3
 2.30836E-3          3.4
-1.22204E-2          3.5
-4.92936E-3          3.6
 3.07148E-2          3.7
 3.45266E-3          3.8
-.172976             3.9
-.418579             4
-.550658             4.1
-.521171             4.2
-.466182             4.3
-.488881             4.4
-.528455             4.5
-.506951             4.6
-.472725             4.7
-.495704             4.8
-.52915              4.9
-.501661             5
-.464454             5.1
-.503358             5.2
-.555155             5.3
-.467642             5.4
-.234471             5.5
-2.602E-2            5.6
 3.47958E-2          5.7
 3.19118E-3          5.8
-1.40735E-2          5.9
-9.1148E-4           6
 5.55879E-3          6.1
 1.16093E-3          6.2
-1.16629E-5          6.3

READY
```

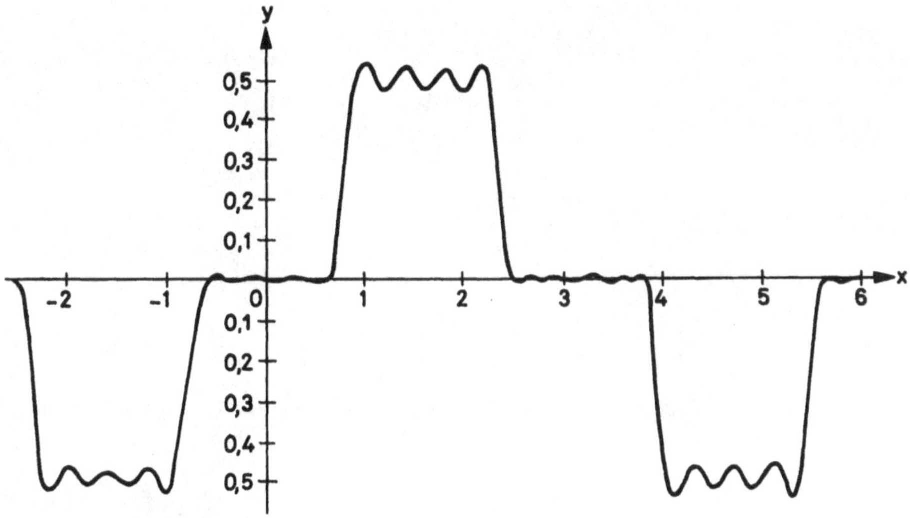
y
0,5
0,4
0,3
0,2
0,1
0,1
0,2
0,3
0,4
0,5
-2
-1
0
1
2
3
4
5
6
x

Graphische Darstellung mit dem vorliegenden BASIC-Programm

```
?
10,20,-3,6,0.1,13
```

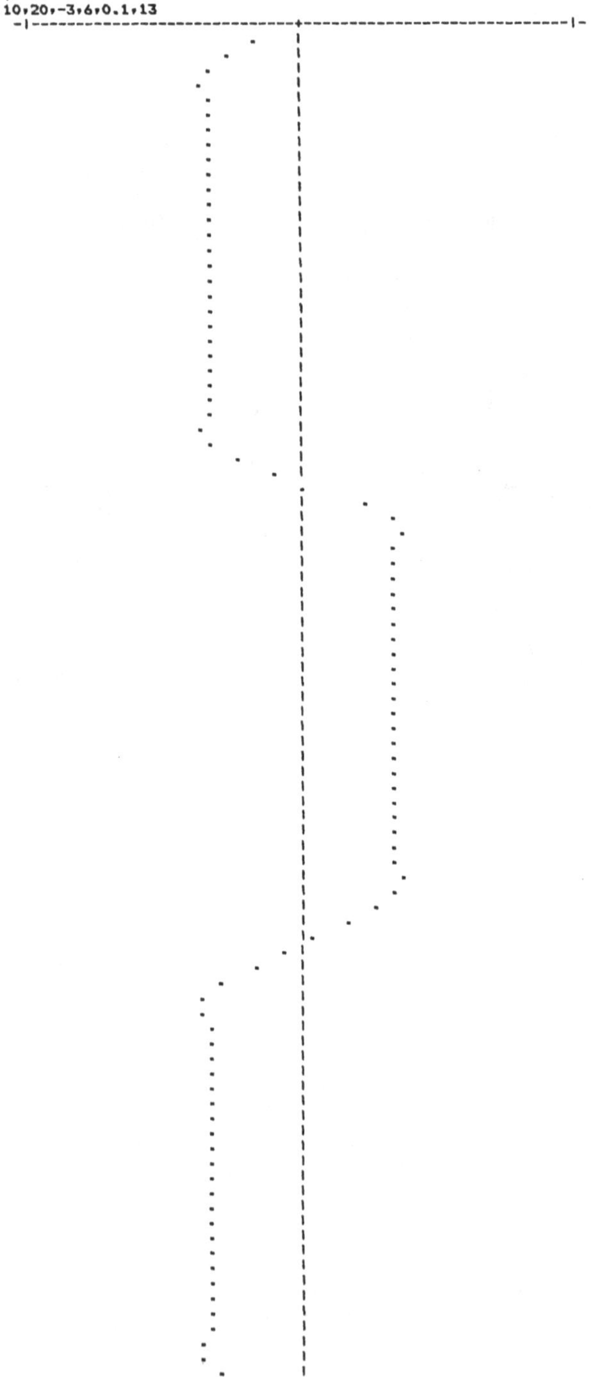

```
READY
OFF
```

12.8 Aufgaben zum Selbstlösen

1. Aufgabe

Für die Berechnung der Quadratwurzel kann ein Näherungsverfahren verwendet werden.

Die verwendete Gleichung heißt:

$$F = 0{,}5\,(X + A/X)$$

Wobei X laufender Näherungswert
A zu berechnende Quadratwurzel

Logik:

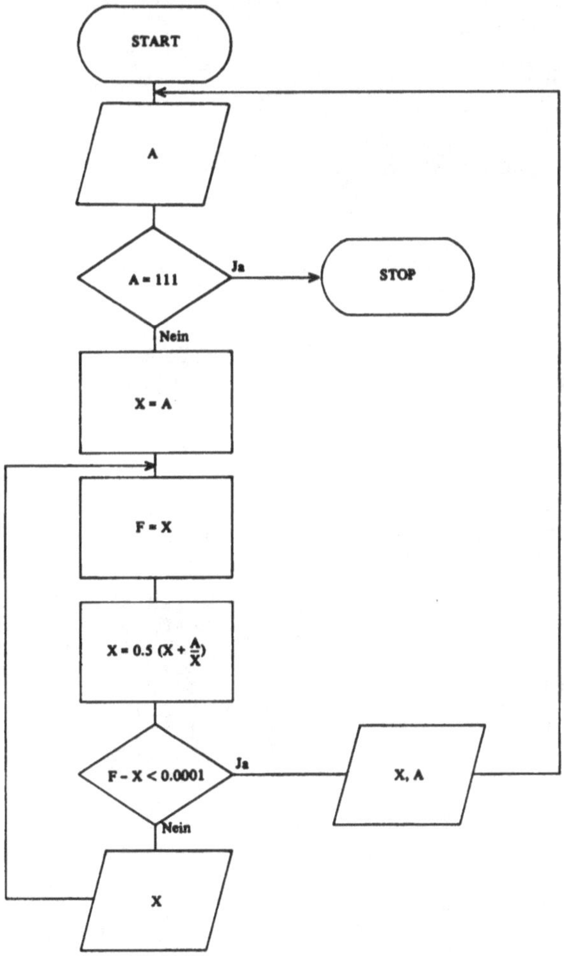

Die Näherung gilt als genügend erreicht, sobald die Differenz von neuem und altem berechnetem Wert kleiner als 0.0001 beträgt. Weiter soll jede Näherung, wenn die gewünschte Genauigkeit noch nicht erreicht wurde, gedruckt werden.

Lösung:

```
0100 REM NAEHERUNGSVERFAHREN ZUR WURZELBERECHNUNG
0110 REM BERECHNUNG ALLER POSITIVEN ZAHLEN
0120 REM PROGRAMM ENDET MIT 111 EINTIPPEN
0130 INPUT A
0140 IF A=111 GO TO 0240
0150 LET X=A
0160 LET F=X
0170 LET X=0.5*(X+A/X)
0180 IF F-X<0.0001 GO TO 0210
0190 PRINT X
0200 GO TO 0160
0210 PRINT X,A
0220 PRINT
0230 GO TO 0130
0240 STOP
0250 END
0260 REM PROGRAMMENDE
```

Ausgabeliste:

```
462
 231.5
 116.748
 60.3525
 34.0038
 23.7952
 21.6054
 21.4945
 21.4942
 21.4942          462
?
200
 100.5
 51.245
 27.5739
 17.4136
 14.4494
 14.1454
 14.1421
 14.1421          200
144
 72.5
 37.2431
 20.5548
 13.7802
 12.115
 12.0005
 12
 12               144
```

```
364
 182.5
 92.2473
 48.0966
 27.8323
 20.4553
 19.1251
 19.0788
 19.0788          364
13486
 6743.5
 3372.75
 1688.37
 848.18
 432.04
 231.627
 144.925
 118.99
 116.164
 116.129
 116.129          13486
```

2. Aufgabe

Es besteht folgende Widerstandsschaltung aus der Elektronik:

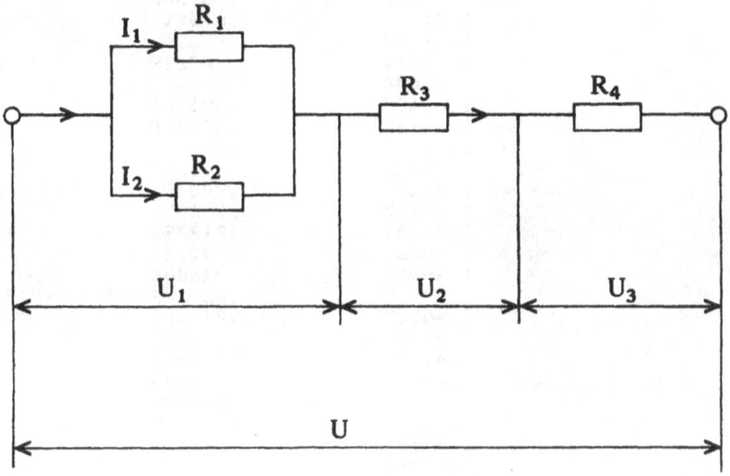

Das Verhalten der Schaltung bei steigender Spannung U soll untersucht werden. Dabei findet das Ohm'sche Gesetz:

$$U = R \cdot I$$

Verwendung.

Die total verbrauchte Leistung des ganzen Systems soll auch berechnet werden.

$$P = U \cdot I$$

Lösung:

```
0100 REM WIDERSTANDSCHALTUNG
0110 INPUT U,R1,R2,R3,R4
0120 PRINT 'I','I1','I2','U1','U2','U3','P'
0130 IF U=999 THEN 0250
0140 LET I=U/(R1*R2/(R1+R2)+R3+R4)
0150 LET U2=I*R3
0160 LET U3=I*R4
0170 LET U1=U-U2-U3
0180 LET I1=U1/R1
0190 LET I2=U1/R2
0200 LET P=U*I
0210 PRINT I,I1,I2,U1,U2,U3,P
0220 LET U=U+0.5
0230 IF U>200 THEN 0110
0240 GO TO 0140
0250 STOP
0260 END

READY
RUN
```

Ausgabeliste:

```
100,10,20,30,40
I              I1             I2
 1.30435        .869568        .434784
 1.31087        .87391         .436955
 1.31739        .878266        .439133
 1.32391        .882618        .441309
 1.33044        .88696         .44348
 1.33696        .891302        .445651
 1.34348        .895658        .447829
 1.35           .9             .45
 1.35652        .904352        .452176
 1.36304        .908694        .454347
 1.36957        .91305         .456525
 1.37609        .917392        .458696
 1.38261        .921744        .460872
 1.38913        .926086        .463043
 1.39565        .930442        .465221
 1.40217        .934784        .467392
 1.4087         .939136        .469568
 1.41522        .943478        .471739
 1.42174        .947834        .473917
 1.42826        .952176        .476088
 1.43478        .956528        .478264
 1.4413         .960874        .480437
 1.44783        .965226        .482613
 1.45435        .969568        .484784
 1.46087        .97391         .486955
 1.46739        .978266        .489133
 1.47391        .982618        .491309
 1.48044        .98696         .49348
 1.48696        .991302        .495651
 1.49348        .995658        .497829
 1.5            1              .5
 1.50652        1.00435        .502176
 1.51304        1.00869        .504347
 1.51957        1.01305        .506525
 1.52609        1.01739        .508696
 1.53261        1.02174        .510872
 1.53913        1.02609        .513043
 1.54565        1.03044        .515221
 1.55217        1.03478        .517392
 1.5587         1.03914        .519568
 1.56522        1.04348        .521739
 1.57174        1.04783        .523917
 1.57826        1.05218        .526088
 1.58478        1.05653        .528264
```

U1	U2	U3	P
8.69568	39.1304	52.1739	130.435
8.7391	39.3261	52.4348	131.742
8.78266	39.5217	52.6956	133.057
8.82618	39.7174	52.9565	134.377
8.8696	39.9131	53.2174	135.704
8.91302	40.1087	53.4783	137.038
8.95658	40.3043	53.7391	138.378
9	40.5	54	139.725
9.04352	40.6957	54.2609	141.078
9.08694	40.8913	54.5218	142.438
9.1305	41.087	54.7826	143.804
9.17392	41.2826	55.0435	145.177
9.21744	41.4783	55.3044	146.557
9.26086	41.6739	55.5652	147.943
9.30442	41.8696	55.8261	149.335
9.34784	42.0652	56.087	150.734
9.39136	42.2609	56.3478	152.139
9.43478	42.4565	56.6087	153.551
9.47834	42.6522	56.8696	154.97
9.52176	42.8478	57.1304	156.395
9.56528	43.0435	57.3913	157.826
9.60874	43.2391	57.6522	159.264
9.65226	43.4348	57.913	160.709
9.69568	43.6304	58.1739	162.16
9.7391	43.8261	58.4348	163.617
9.78266	44.0217	58.6956	165.082
9.82618	44.2174	58.9565	166.552
9.8696	44.4131	59.2174	168.029
9.91302	44.6087	59.4783	169.513
9.95658	44.8043	59.7391	171.003
10	45	60	172.5
10.0435	45.1957	60.2609	174.003
10.0869	45.3913	60.5218	175.513
10.1305	45.587	60.7826	177.029
10.1739	45.7826	61.0435	178.552
10.2174	45.9783	61.3044	180.082
10.2609	46.1739	61.5652	181.618
10.3044	46.3696	61.8261	183.16
10.3478	46.5652	62.087	184.709
10.3914	46.7609	62.3478	186.264
10.4348	46.9565	62.6087	187.826
10.4783	47.1522	62.8696	189.395
10.5218	47.3478	63.1304	190.97
10.5653	47.5435	63.3913	192.551

3. Aufgabe

Für die Lösung von Differentialgleichungen kennen wir das Näherungsverfahren von *Runge–Kutta*. Damit soll die gewöhnliche Differentialgleichung:

$$y' = x - y^2$$

gelöst werden.

Die Berechnung soll mit verschiedenen Schrittweiten durchgeführt werden.

Das Näherungsverfahren verwendet folgende Gleichungen:

$$A = h \cdot f(x, y)$$

$$B = h \cdot f(x + \frac{h}{2}, y + \frac{A}{2})$$

$$C = h \cdot f(x + \frac{h}{2}, y + \frac{B}{2})$$

$$D = h \cdot f(x + h, y + C)$$

$$K = 1/6\,(A + 2 \cdot B + 2 \cdot C + D)$$

Der Wert K stellt die Zunahme zum vorangegangenen Betrag der Funktion von y dar.

Die Anfangswerte der obigen Differentialgleichung beträgt:

$$y(0) = -0.5$$

Lösung:

```
0100 REM RUNGE - KUTTA - VERFAHREN
0110 DATA 0,-0.5,0.025,4
0120 READ X,Y,H,M
0130 PRINT 'X','Y'
0140 PRINT
0150 PRINT X,Y
0160 LET A=H*(X-Y↑2)
0170 LET X=X+H/2
0180 LET Z1=Y
0190 LET Y=Y+A/2
0200 LET B=H*(X-Y↑2)
0210 LET Y=Z1
0220 REM
0230 LET Y=Y+B/2
0240 LET C=H*(X-Y↑2)
0250 LET X=X+H/2
0260 LET Y=Z1
0270 LET Y=Y+C/2
0280 LET D=H*(X-Y↑2)
0290 LET E=(A+2*B+2*C+D)/6
0300 LET Y=Z1
0310 LET Y=Y+E
0320 PRINT X,Y
0330 IF X=M THEN 0350
0340 GO TO 0160
0350 STOP
0360 END
```

Ausgabeliste:

```
READY                                 1.15          -6.51144E-2
RUN                                   1.2           -6.45388E-3
X               Y                     1.25           5.4772E-2
                                      1.3            .118187
                                      1.35           .183376
 0              -.5                   1.4            .249893
 5.0E-2         -.5115                1.45           .317275
 .1             -.521046              1.5            .385052
 .15            -.528543              1.55           .452758
 .2             -.53389               1.6            .519946
 .25            -.536971              1.65           .5862
 .3             -.537664              1.7            .65114
 .35            -.535839              1.75           .714432
 .4             -.531357              1.8            .775795
 .45            -.524076              1.85           .835
 .5             -.513849              1.9            .891874
 .55            -.50053               1.95           .946297
 .6             -.483976              2              .998195
 .65            -.464053              2.05          1.04754
 .7             -.440635              2.1           1.09436
 .75            -.413616              2.15          1.13868
 .8             -.382911              2.2           1.18059
 .85            -.348465              2.25          1.22019
 .9             -.310256              2.3           1.25758
 .95            -.268303              2.35          1.29289
 1              -.22267               2.4           1.32625
 1.05           -.173473              2.45          1.3578
 1.1            -.12088               2.5           1.38767
```

4. Aufgabe

Je nach Code (1, 2, 3 oder 4) soll mit den Variablen A, B und C eine Gleichung berechnet werden.

Code	Gleichung
1	$x = A \cdot B \cdot C$
2	$x = A \cdot Z^2 + B \cdot Z + C$ für $Z = 4$
3	$x = A^B \cdot C$
4	$x = (A + B) \cdot C$

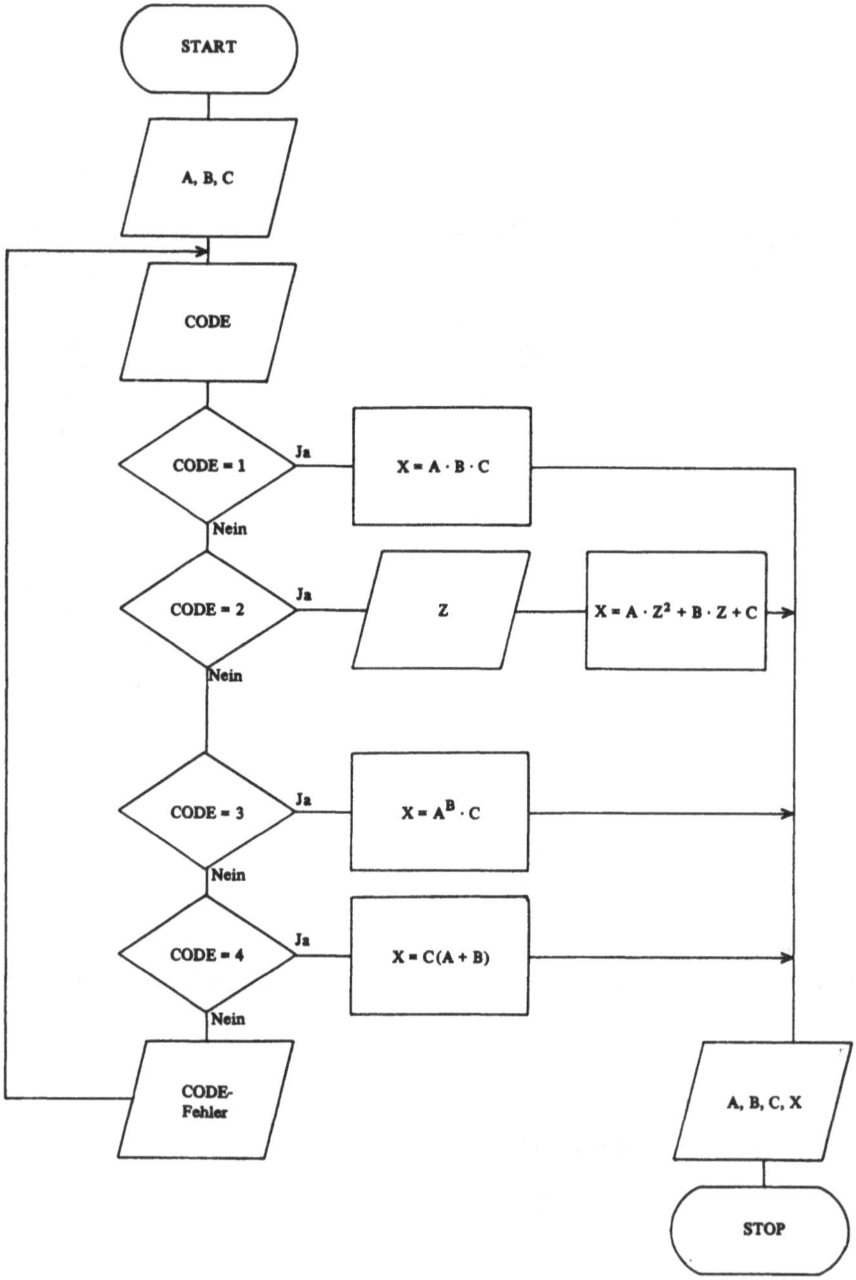
START
A, B, C
CODE
CODE = 1
Ja
Nein
X = A · B · C
CODE = 2
Ja
Nein
Z
X = A · Z² + B · Z + C
CODE = 3
Ja
Nein
X = A^B · C
CODE = 4
Ja
Nein
X = C(A + B)
CODE-
Fehler
A, B, C, X
STOP

Lösung:

```
100 INPUT A,B,C
110 INPUT C1
120 IF C1=1 THEN 180                    Cl=1 THEN 180
130 IF Cl=2 THEN 200
140 IF Cl=3 THEN 230
150 IF Cl=4 THEN 250
160 PRINT "CODEFEHLER"
170 GO TO 110
180 X=A*B*C
190 GO TO 260
200 INPUT Z
210 X=A*Z**2+B*Z+C
220 GO TO 260
230 X=A**B*C
240 GO TO 260
250 X=C*(A+B)
260 PRINT A,B,C,X
270 STOP
280 END
```

5. Aufgabe

Die Binomialverteilung spielt beim Ziehen mit Zurücklegen eines Gegenstandes aus einer Vielzahl von Gegenständen eine bedeutende Rolle.

Die Wahrscheinlichkeit, beim zufälligen Herausgreifen von z. B. Schrauben eine unbrauchbare zu erhalten, ist dann gleich

$$P = \frac{M}{N}$$

Die Wahrscheinlichkeit, bei M Zugriffen (mit Zurücklegen) genau X unbrauchbare Schrauben zu erhalten, ist:

$$f(x) = \binom{n}{x} \left(\frac{M}{N}\right)^{x} \left(1 - \frac{M}{N}\right)^{n-x}$$

Logik:

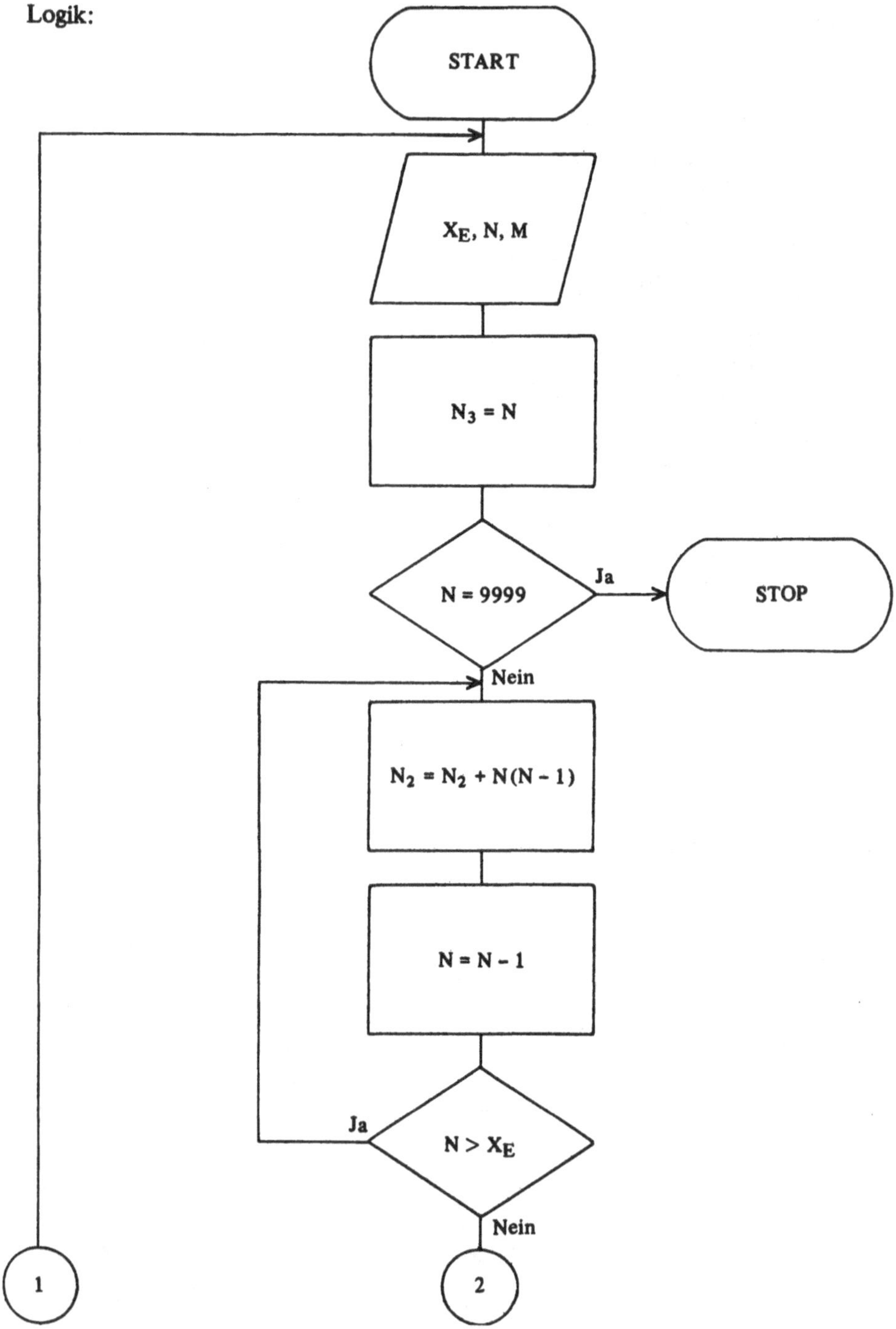

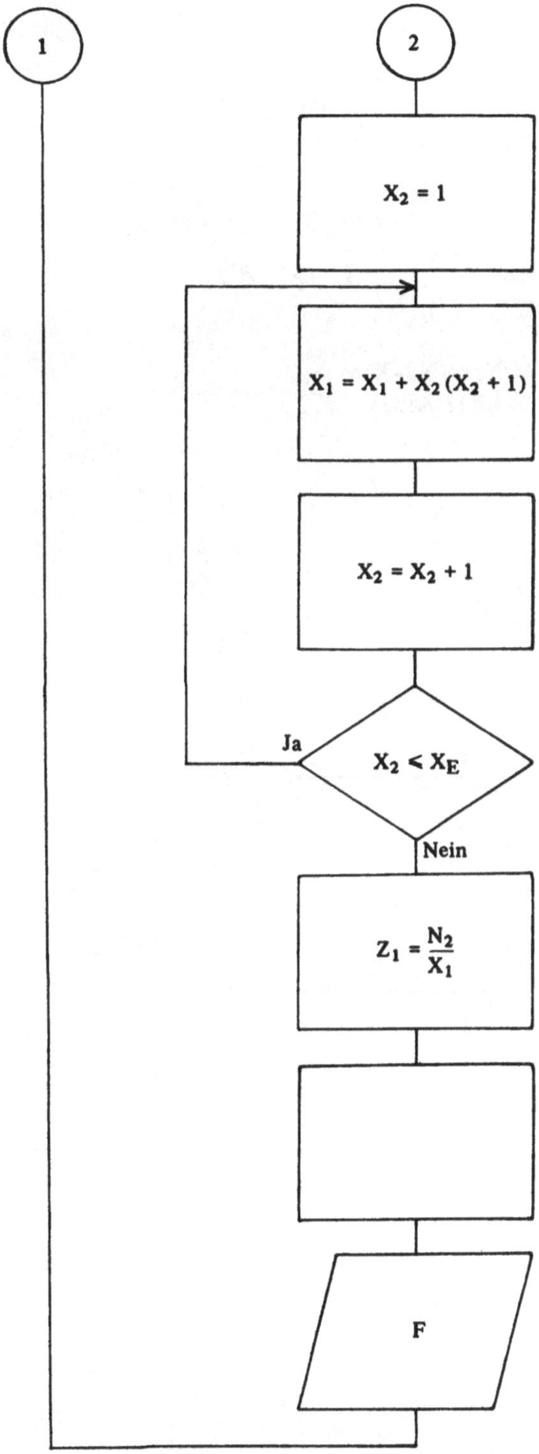

$$F = Z_1 \left(\frac{M}{N}\right)^{X_E} \cdot \left(1 - \frac{M}{N}\right)^{N_3 - X_E}$$

```
100 INPUT X,N,M
110 N3 = N
120 IF N=9999 THEN
130 N2=N2+N*(N-1)
140 N=N-1
150 IF N>X THEN 130
160 X2=1
170 X1=X1+X2*(X2+1)
180 X2=X2+1
190 IF X2<=X THEN 170
200 Z1=N2/X1
210 F=Z1*(M/N)**X*(1-M/N)**(N3-X)
220 PRINT 'DIE VARIANZ BETRAEGT: ';F
230 GO TO 100
240 STOP
250 END
```

6. Aufgabe

Ablenkung eines Elektrons im elektrischen Feld.

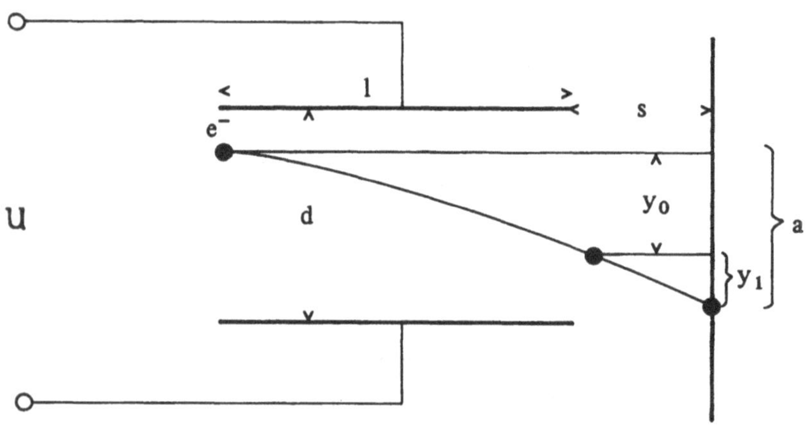

$$V = \sqrt{2 \cdot \frac{q}{m} \cdot U}$$

$$\left.\begin{aligned} Y_0 &= \frac{q \cdot U \cdot l^2}{2 \cdot m \cdot d \cdot v^2} \\ Y_1 &= \frac{q \cdot U \cdot l \cdot s}{2 \cdot m \cdot d \cdot v^2} \end{aligned}\right\} \qquad a = y_0 + y_1$$

Bei gegebener Minimal- (U_A) und Maximalspannung (U_E) soll die Spannung gesucht werden, damit die vorgesehene Strecke A gefunden wird. Der Ladungsträger soll ein Elektron sein. Die Genauigkeit wird mit der Variablen E eingegeben.

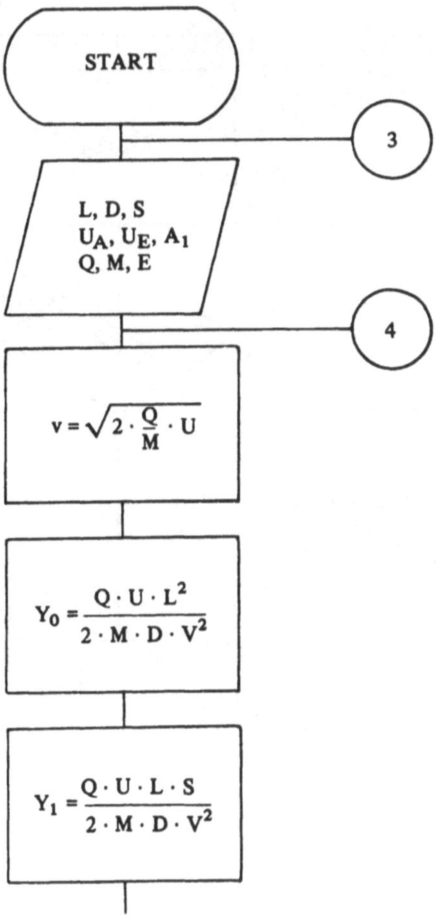

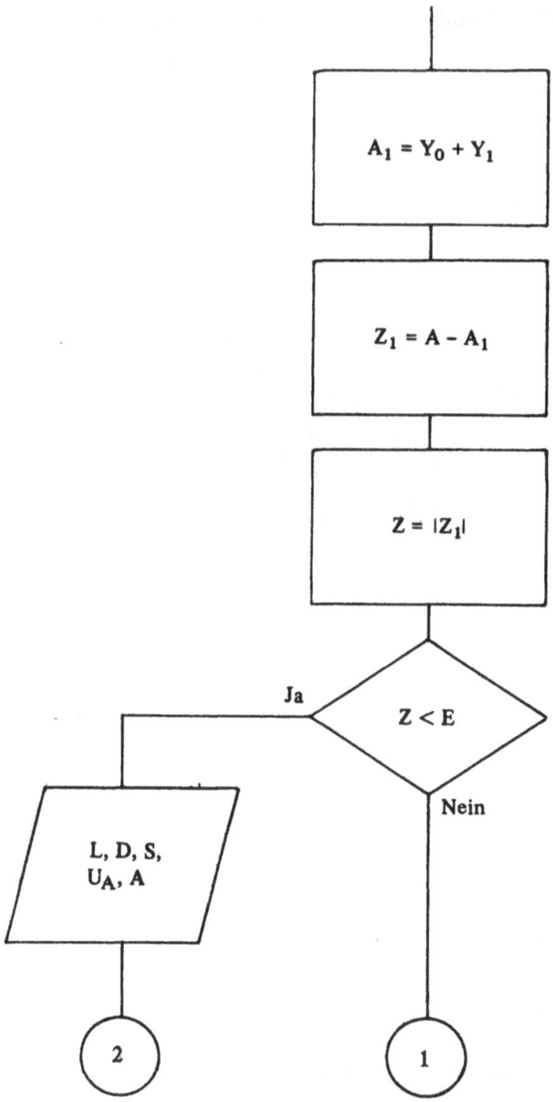

A1 = Y0 + Y1
Z1 = A - A1
Z = |Z1|
Z < E
Ja
Nein
L, D, S,
UA, A
2
1

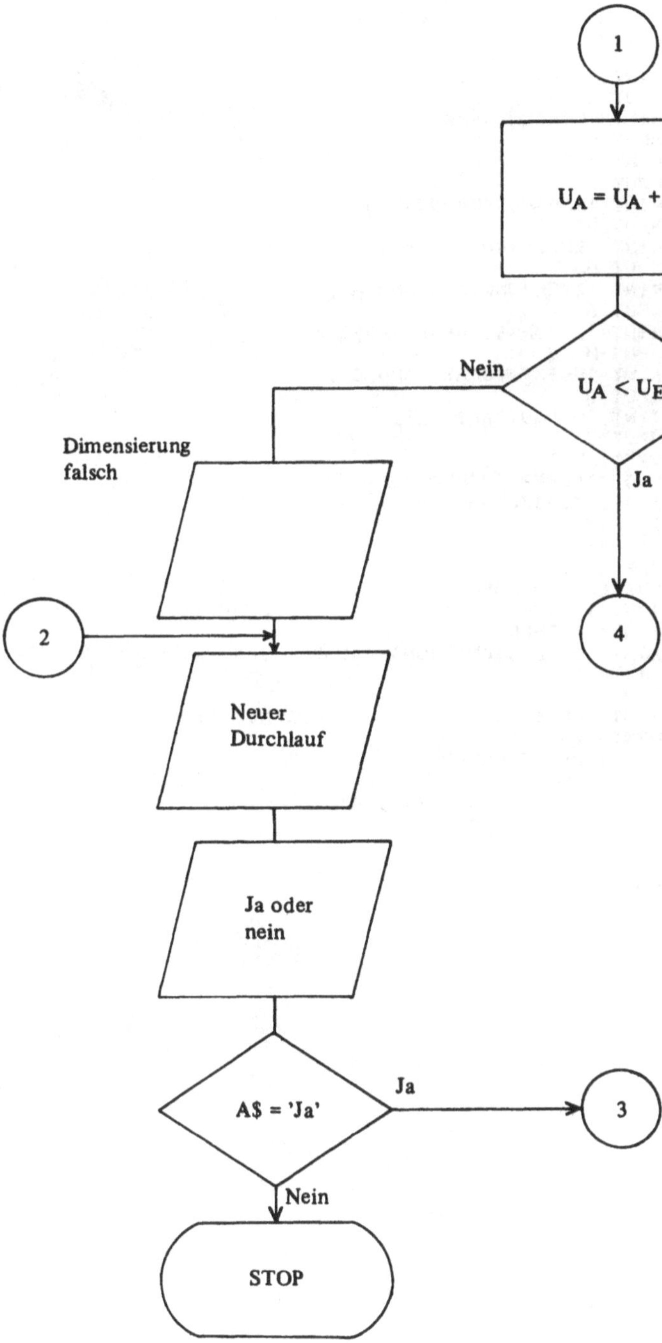
1
UA = UA + 1
UA < UE
Nein
Ja
Dimensierung
falsch
2
4
Neuer
Durchlauf
Ja oder
nein
A$ = 'Ja'
Ja
3
Nein
STOP

Lösung:

```
LIS H
00100 PRINT 'LAENGE L';
00110 INPUT L
00120 PRINT 'DURCHMESSER D';
00130 INPUT D
00140 PRINT 'ABSTAND S';
00150 INPUT S
00160 PRINT 'ANFANGSSPANNUNG UA';
00170 INPUT U1
00180 PRINT 'ENDSPANNUNG UE';
00190 INPUT U2
00200 PRINT 'ZIELPUNKTABSTAND A';
00210 INPUT A
00220 PRINT 'LADUNGSTRAEGERMASSE M';
00230 INPUT M
00240 PRINT 'ELEKTRISCHE LADUNG';
00250 INPUT Q
00260 PTINT 'GENAUIGKEIT E';
00270 INPUT E
00280 V=2*Q/M*U1
00290 Y0=Q*U1*L**2/(2*M*D*V)
00300 Y1=Q*U1*L*S/(2*M*D*V)
00310 A1=Y0+Y1
00320 Z1=A-A1
00330 Z=ABS(Z1)
00340 IF Z<E THEN 440
00350 U1=U1+1
00360 IF U1<U2 THEN 280
00370 PRINT 'DIMENSIONIERUNG FALSCH, SPANNUNGSMAXIMUM ERREICHT'
00380 PRINT
00390 PRINT
00400 PRINT 'NEUER DURCHLAUF JA ODER NEIN';
00410 INPUT A$
00420 IF A$='JA' THEN 100
00430 GO TO 470
00440 PRINT 'L','D','U1','S','A'
00450 PRINT L,D,U1,S,A
00460 GO TO 400
00470 STOP
00480 END
```

Stichwortverzeichnis

Zeitfracht Medien GmbH
Ferdinand-Jühlke-Straße 7
99095 Erfurt, Deutschland
produktsicherheit@kolibri360.de